In unseren Veröffentlichungen bemühen wir uns, die Inhalte so zu formulieren, dass sie allen Menschen gerecht werden, dass sich alle Geschlechter angesprochen fühlen, wo alle gemeint sind, oder dass ein Geschlecht spezifisch genannt wird. Nicht immer gelingt dies auf eine Weise, dass der Text gut lesbar und leicht verständlich bleibt. In diesen Fällen geben wir der Lesbarkeit und Verständlichkeit des Textes den Vorrang. Dies ist ausdrücklich keine Benachteiligung einzelner Geschlechter.

Die im Titel enthaltene Jahreslosung ist zitiert nach der Arbeitsgemeinschaft für Bibellesen, Berlin, www.oeab.de.

Für in diesem Titel enthaltene Links auf Websites/Webangebote Dritter übernehmen wir keine Haftung, da wir uns deren Inhalt nicht zu eigen machen, sondern sie lediglich Verweise auf den Inhalt darstellen. Die Verweise beziehen sich auf den Inhalt zum Zeitpunkt des letzten Zugriffs: 01.08.2024.

 Dieser Titel ist entstanden in Zusammenarbeit mit dem Landesjugendpfarramt der Evangelischen Landeskirche in Württemberg, www.lajupf.de.

Das Jugendgottesdienstmaterial kann auch im Abonnement bestellt werden unter bumlnk.de/jugomat-abo. Das Buch wird dann jährlich automatisch zugeschickt. Weitere Infos zum Abonnement und zum Jugendgottesdienstmaterial unter bumlnk.de/jugomat.

Alle Bilder von © David Lehmann und weitere Motive zur Jahreslosung gibt es unter www.designerpfarrer.de.

Impressum

© 1. Auflage 2024
Praxisverlag buch+musik bm gGmbh, Stuttgart 2024
Printed in Germany. All rights reserved.

ISBN Buch 978-3-86687-381-0
ISBN E-Book 978-3-86687-382-7

Lektorat: buch+musik – Tamara Müller, Stuttgart
Umschlaggestaltung: buch+musik – Toby Wolf, Stuttgart
Satz: buch+musik, Stuttgart – unter Verwendung von parsX, pagina GmbH, Tübingen
Satz Downloads: buch+musik – Toby Wolf, Stuttgart
Bildrechte Inhalt und Umschlag: stock.adobe.com: JackF, klyaksun, Mark, SFanti/peopleimages.com, V&P Photo Studio
Bildrechte Beitragsbilder: Erbsen („Die Guten ins Kröpchen"): pexels.com/R Khalil; Mendel („Die Guten ins Kröpchen"): https://commons.wikimedia.org/w/index.php?curid=33347279; andere: bei den Autorinnen und Autoren
Bildrechte Autorenfotos: Grauer: Julian Meinhardt; Rumm: Ludmilla Parszyak
Druck und Gesamtherstellung: FLYERALARM GmbH, Würzburg

www.praxisverlag-bm.de

JUGENDGOTTESDIENSTMATERIAL

20
25

Martin Grauer, Matthias Rumm (Hg.)

ALLES KANN
RAUS!

mit Down-loads

1. THESSALONICHER 5,21

buch+musik

Vorwort

„Alles kann raus!" So liest man es manchmal als Werbeslogan im Schlussverkauf oder im Sale. Im Brief an die Gemeinde in Thessalonich ist zu lesen: „Prüft alles und behaltet das Gute". Dieser Satz erinnert die angeschriebenen Christinnen und Christen daran, alles auf den Prüfstand zu stellen. Alles kann – theoretisch – raus. Aber im Gegensatz zum Ausverkauf, bei dem nichts übrig zu bleiben braucht, soll das Gute sich in eingehender Prüfung herausstellen und behalten werden. Was dieses Gute ist, das ist nicht ganz klar. Wer definiert es? Was ist gut und was schlecht? Was kann raus?

Damit beschäftigt sich dieses Werkbuch zur Jahreslosung 2025 auf verschiedenen Ebenen.

Die einzelnen Kapitel des Jugendgottesdienstmaterials 2025 bieten für ganz unterschiedliche Anlässe praxisorientierte Artikel. Sie gehen weit über Anregungen und Entwürfe für Gottesdienste mit Jugendlichen hinaus. Für alle Altersgruppen und viele Anlässe ist etwas dabei – praktisch, anschaulich und erlebbar.

Grundlegenden Einblick bietet die Auslegung von Martin Grauer in verständlicher Sprache. Sie lädt zur tieferen Auseinandersetzung mit der Jahreslosung 2025 ein und ist gleichzeitig die Basis für eigene Überlegungen.

Ganze Entwürfe für Gottesdienste erleichtern die Vorbereitung, wie der Gottesdienst für und mit Kindern zur Jahreslosung 2025 von Markus Grapke, dem württembergischen Landespfarrer für Kindergottesdienst. Ebenfalls für die Arbeit mit Kindern konzipierte Magdalena Mannsberger einen kreativen Stundenentwurf, der direkt umgesetzt werden kann. Auch der Entwurf für Kirche Kunterbunt von Tobias und Simone Schreiber mit dem Titel „Das große Testen" ist direkt anwendbar.

Für Teens hat Ulrich Enderle einen Entwurf für zwei Gruppenstunden unter der Überschrift „Die Guten ins Kröpfchen" erarbeitet. Pfarrer Markus Strauß bietet in seinem Beitrag verschiedene Ideen und Anregungen, um eigene Prüf-Stationen oder Spiele zu entwickeln. Speziell für die Arbeit mit Schülerinnen und Schülern ist der Stundenentwurf „Approved" von Landesschülerpfarrerin Sabine Schmalzhaf-Sievers gedacht. Und für die Konfi-Arbeit wurden mehrere Beiträge zusammengestellt. Dazu gehören das Planspiel „CheckerKonfi" von Lukas Frei oder ein Kunstprojekt mit Konfis von Jochen Leitner der seit Jahren mit verschiedenen Kunstprojekten in der Konfi-Arbeit gute Erfahrungen gemacht hat. Diese Entwürfe eignen sich ebenso für Konfi-Gruppen wie auch für die Arbeit mit Jugendlichen in anderen Bereichen. Das gilt auch für den Inklusions-Check von Sylvia Nölke, der ganz im Sinne von „prüft alles" in der Arbeit mit Kindern, Jugendlichen und in Kirchengemeinden eingesetzt werden kann. „Prüft alles" im Bereich Medien bietet die „Medien-Prüfung" von Julian Meinhardt.

Die etwas älteren Jugendlichen und Jungen Erwachsenen spricht der Artikel „FREI-willig" an. Er gibt Anregungen und Gedanken, was nach dem Schulabschluss folgen kann – vielleicht ein Freiwilligendienst? Die in diesem Entwurf zusammengestellten Texte und Testimonials können in unterschiedlichen Kontexten verwendet werden. Ergänzend dazu ist der Entwurf für einen Jugendgottesdienst „Frei-willig hier", der schon mehrfach in der Praxis erprobt worden ist. Die Verantwortliche für die Jugendkirche CHOY, Christiane Lehmann, hat einige Gedanken und Anregungen speziell für die Mädchenarbeit erarbeitet. Unter dem Motto „Liebt euch selbst und behaltet das Gute" sollen Mädchen „empowert" werden.

Über alle Altersgruppen hinweg regen die Bilder von Designerpfarrer David Lehmann, die über die einzelnen Kapitel im Buch verteilt, sind zum Nachdenken an. Zu einem hat Cornelius Kuttler, Leiter des Evangelischen Jugendwerks in Württemberg, eine Meditation geschrieben. Zum Lied zur Jahreslosung von Hans-Joachim Eißler hat sich Gottfried Heinzmann Gedanken gemacht.

Komplett wird dieses Werkbuch durch ausführliche Medienlisten und Playlisten.

Alles in allem bietet das Jugendgottesdienstmaterial des Landesjugendpfarramts Württemberg praxisorientierte Gottesdienste, Entwürfe und weitere Anregungen für verschiedene Altersgruppen, Kontexte und Formate. So lädt es zur praktischen Anwendung der Jahreslosung 2025 ein. Möge es für alle inspirierend sein, welche die alten Worte „Prüft alles und behaltet das Gute!" heute Kindern, Jugendlichen und (Jungen) Erwachsenen nahebringen möchten.

Ein großer Dank gilt allen Autorinnen und Autoren dieses Jugendgottesdienst-Materiales. Herzlichen Dank auch an Martin Grauer für die redaktionelle Arbeit.

Ich wünsche eine anregende und bereichernde Lektüre und dann eine gute Umsetzung in der Praxis.

MATTHIAS RUMM

Die Jahreslosung interpretiert

Die Jahreslosung umgesetzt für Kinder und Young Teens

INHALTSVE

Navigator durch Alles kann raus!

Aufbau des Buchs

Das Buch ist in 4 Bereiche gegliedert: „Die Jahreslosung interpretiert" versammelt Artikel, die sich allgemein mit der Jahreslosung 2025 beschäftigen. „Die Jahreslosung umgesetzt für Kinder und Young Teens", „Die Jahreslosung umgesetzt für Jugendliche", und „Die Jahreslosung für (Junge) Erwachsene" nehmen mit vielfältigen Beiträgen die jeweilige Zielgruppe in den Blick und bieten eine bunte Mischung an Material für sie.

Die jeweilige Materialart ist unter der Überschrift in der Randspalte übersichtlich vermerkt.

Die Illustrationen von David Lehmann lassen einen nachdenklichen Blick auf die Aspekte der Jahreslosung werfen.

Downloads

 Unter download.praxisverlag-bm.de können zu diesem Buch ergänzende Materialen zu den Artikeln als digitale Daten heruntergeladen werden. Der Kauf des Buches berechtigt zum Downloaden, Ausdrucken, Kopieren und Verwenden dieser Daten, sofern sie zur Vorbereitung und Durchführung der Inhalte dieses Buches verwendet werden. Eine Vervielfältigung, Verwendung oder Weitergabe darüber hinaus ist ohne Erlaubnis ausdrücklich nicht gestattet.

Ist das (noch) gut oder kann das weg?

Eine Auslegung der Jahreslosung 2025

Exegese

πάντα δὲ δοκιμάζετε, τὸ καλὸν κατέχετε (Novum Testamentum Graece)
Prüft alles und behaltet das Gute (Einheitsübersetzung)!
Prüft aber alles und das Gute behaltet (Luther 2017).
Omnia autem probate quod bonum est tenete (Biblia Sacra Vulgata).
Prüft aber alles, das Gute haltet fest (Elberfelder).
Prüft jedoch alles und behaltet das Gute (Hoffnung für Alle).
But test everything; hold fast what is good (English Standard Version).

Checkt das mal …

„Prüft alles!" Na, das ist ja mal ne Ansage! Die Jahreslosung für 2025 ist ein Imperativ! Der Apostel Paulus, der den 1. Thessalonicherbrief geschrieben hat, formuliert also eine konkrete Aufforderung – fast schon eine zurechtweisende Ermahnung – an die Gemeinde. Die Jahreslosung fordert also nicht nur heraus, sondern sie fordert uns zum Prüfen auf: Zum genauen Hinschauen, zum Hinterfragen, vielleicht sogar zum Kritisieren. Ein großer Tag für alle Skeptikerinnen/Skeptiker und Nörglerinnen/Nörgler? Nein, bei weitem nicht! Die Jahreslosung bleibt nämlich nicht beim Kritisieren stehen, sondern sie geht weiter.

Das Ziel des Prüfens ist nicht die Kritik, sondern es geht darum, das Gute in unserem Leben zu finden und es in unseren Gemeinden, in unserem Umfeld, in unseren Gruppen und in unserem Leben zu fördern.

„… und behaltet das Gute!" Das Ziel des Prüfens ist nicht die Kritik, sondern es geht darum, das Gute in unserem Leben zu finden und es in unseren Gemeinden, in unserem Umfeld, in unseren Gruppen und in unserem Leben zu fördern.

Klingt ganz einfach: Checkt einfach mal, was gut ist, und den Rest könnt ihr rausschmeißen … jedenfalls fast. Denn: Wie geht Prüfen? Und was ist das Gute? Und überhaupt, wer soll entscheiden? Denn verschiedene Menschen kommen ja gewöhnlich zu ganz anderen Ergebnissen, was denn jetzt gut sei. Also doch nicht so leicht. Und trotzdem steht es halt so da: „Prüft alles und behaltet das Gute!"

Es war einmal …

Die Jahreslosung steht im 1. Thessalonicherbrief. Dieser Brief ist ein ganz besonderer, denn es handelt sich dabei um den ältesten Brief, der uns von Paulus überliefert ist. Er wurde ca. 50 n.Chr. von Paulus an die Gemeinde in Thessalonich (Griechenland) geschrieben, die Paulus auf seiner zweiten Missionsreise gegründet hatte. Also ein Dokument, das nicht einmal zwanzig Jahre nach Tod und Auferstehung Jesu geschrieben wurde. Der 1. Thessalonicherbrief ist somit eines der ältesten schriftlichen Dokumente der Christenheit und mit großer Wahrscheinlichkeit ist er der älteste neutestamentliche Text im biblischen Kanon. Näher kommen wir an den Anfang des Christentums nicht ran!

Dabei war es in Thessalonich für Paulus gar nicht so gut gelaufen. In Apostelgeschichte 17,1–9 wird davon berichtet: Paulus predigt in der Synagoge Thessalonichs und einige der Anwesenden kommen zum Glauben an Jesus Christus. Soweit, so gut. Aber ein wütender Mob macht Stimmung gegen Paulus, so sehr, dass er bereits nach kurzer Zeit heimlich aus der Stadt flüchten muss, um sein Leben zu retten. Als er in Sicherheit ist, schreibt er eben diesen 1. Thessalonicherbrief, weil er in Sorge ist. Die Gemeindesituation

Näher kommen wir an den Anfang des Christentums nicht ran!

ist schwierig, denn die Bewohnerinnen und Bewohner von Thessalonich sind nicht besonders gut auf die Christinnen und Christen vor Ort zu sprechen. Das weiß auch Paulus. Deshalb möchte er seinen Glaubensgeschwistern Mut machen.

Er erinnert sie daran, wie sie zum Glauben an Jesus Christus gekommen waren und dass sie daraufhin mit Freude erfüllt wurden (1. Thess 1,6), obwohl sie aufgrund ihres Glaubens bedrängt wurden und unter Druck geraten sind. Er erinnert die Menschen vor Ort an die gemeinsame Zeit, in denen sie viel durchgestanden hatten. Paulus bezeichnet die Gemeinde als „Vorbild" für viele andere Christinnen und Christen, bei denen sich der feste Glaube der Menschen in Thessalonich schnell herumgesprochen hatte.

Dennoch bleibt Paulus nicht bei der Vergangenheit stehen, sondern er richtet den Blick der Gemeinde auf die Zukunft: Jesus wird wiederkommen und alle, die an ihn glauben, werden dann in ewiger Gemeinschaft mit ihm leben. Daran sollen die Menschen in Thessalonich denken und darauf sollen sie sich vorbereiten und ihr Leben entsprechend darauf ausrichten.

I don't know what you're expecting ...

Der 1. Thessalonicherbrief ist Zeuge dafür, dass die Christenheit in den ersten Jahren mit der baldigen Wiederkunft Jesu gerechnet hat; womöglich noch zu Lebzeiten der lebenden Generation. Wir heute wissen, dass Jesus noch nicht wiedergekommen ist ...

Schon in den Briefen von Paulus kann man hier eine Entwicklung erkennen, die womöglich die Haltung der frühen Gemeinden widerspiegelt. Während Paulus im 1. Thessalonicherbrief noch damit rechnet, die Wiederkunft Jesu zu erleben, erwartet er in einem seiner letzten Briefe, dem Philipperbrief, noch vor der Wiederkunft Jesu zu sterben.

Wie ist das bei dir? Rechnest du ernsthaft damit, dass Jesus einmal wiederkommen könnte?

Kurze Zwischenfrage: Wie ist das bei dir? Rechnest du ernsthaft damit, dass Jesus einmal wiederkommen könnte? Ich glaube, dass sich die Erwartungshaltung komplett umgekehrt hat. Nur ganz wenige Christinnen und Christen rechnen doch damit, dass Jesus eigentlich jederzeit wiederkommen könnte, oder?

Paulus macht den Menschen in Thessalonich jedenfalls Hoffnung, dass Jesus bald wiederkommt und sie sich darauf vorbereiten sollen.

Guter Rat und gar nicht teuer

Im letzten Kapitel seines Briefs hat er dann noch eine Reihe guter Tipps für das Zusammenleben in der Gemeinde. Diese so genannten „Ermahnungen" sollen die Gemeinde nicht tadeln oder zurechtweisen, sondern sie sind als Ermutigung zu verstehen: Paulus ermutigt die Gemeinde dranzubleiben, nicht nachzulassen, sich nicht von dem Druck von außen einlullen zu lassen, sondern mutig zu bleiben und am Glauben an Jesus festzuhalten.

Und wie dieses „Dranbleiben" aussehen sollte, das beschreibt Paulus mit eben diesen Tipps: Gebet, Dankbarkeit, Ermutigung von Schwachen, füreinander da sein, das Böse meiden, fröhlich sein usw. (lies gern selbst nach in 1. Thess 5,1-22).

Und eine dieser Ermahnungen von Paulus ist nun – fast 2.000 Jahre später – zur Jahreslosung gewählt worden: „Prüft alles und behaltet das Gute."

Ist das alles nur geklaut?

Wenn man diesen Satz hört, dann stellt sich unter anderem die Frage: „Was hat das mit dem christlichen Glauben zu tun?" Denn das könnte auch ein guter Rat eines alten Philosophen oder einer anderen weisen Person sein. Vielleicht hast du auf Instagram oder Pinterest auch schon ähnliche Lebensweisheiten entdeckt, z.B.: „Eines Tages wirst du aufwachen und keine Zeit mehr haben für die guten Dinge, die du immer wolltest. Tue sie jetzt."

Auch der Philosoph Sokrates hat angeblich eine Geschichte vom Prüfen erzählt, die relativ ähnlich klingt: Da will ein Mann einem Weisen ganz aufgeregt eine Geschichte erzählen. Da unterbricht ihn der Weise und fragt: „Hast du das, was du mir erzählen willst, schon durch die drei Siebe gesiebt?" Als der Mann nicht versteht, was der Weise meint, erklärt es der Weise: „Das erste Sieb ist das Sieb der Wahrheit. Ist das, was du zu sagen hast, wahr? Das zweite Sieb ist das Sieb der Güte. Ist das, was du zu sagen hast, denn wenigstens gut? Und das dritte Sieb: Ist es wichtig oder notwendig, was du zu sagen hast?" Als der Mann bei allen Sieben verlegen den Kopf schüttelt, sagt der Weise: „Wenn also das, was du mir erzählen willst, weder wahr noch gut noch notwendig ist, dann lass es lieber bleiben."

Also wenn es doch ähnliche Tipps auch außerhalb der Christenheit gibt, hat der Rat von Paulus dann überhaupt etwas Christliches an sich oder schreibt er der Gemeinde nur eine allgemeine Lebensweisheit, die sich ja auf viele Bereiche übertragen lässt? Denn zu checken, was gut ist und das zu behalten, das kann ja für fast alles gelten.

Die Propheten sind los

Paulus schreibt den Brief ja eigentlich nicht in dem Wissen, dass wir ihn auch in zweitausend Jahren noch lesen, sondern er hat die konkrete Situation der Gemeinde in Thessalonich vor Augen. Und dabei denkt er in Kapitel 5 auch an den Gottesdienst und wie das dort so abläuft. Dabei bezieht sich die Jahreslosung zunächst auf den unmittelbaren Vers davor: „Missachtet die prophetisch Rede nicht."

Was heißt das? Liefen in Thessalonich etwa lauter Propheten herum, wie man das aus Apokalypse-Hollywood-Blockbustern kennt, und sagten voraus, was die Zukunft bringt? Nein, darum geht es nicht.

Prophetische Rede im Neuen Testament ist eine Art der Verkündigung im Gottesdienst. Die Gemeinden damals hatten ja noch kein schriftliches Neues Testament, über das eine Pfarrperson predigen konnte, sondern lediglich die mündlichen Berichte von Jesus und die Schriften des Alten Testaments. Es gab anfangs auch überhaupt keine Hierarchie, im Gegenteil, das Besondere in der christlichen Gemeinde war ja eben, dass der die Herrin und die Sklavin bzw. der Herr und der Sklave am selben Tisch saßen und sich als Schwestern und Brüder bezeichneten. Alle waren völlig gleich. Es gab

Prophetische Rede im Neuen Testament ist eine Art der Verkündigung im Gottesdienst

auch noch kein Theologie-Studium in dem Sinne, wie wir es heute haben, deshalb wurden im Gottesdienst die Geschichten von Jesus erzählt, ein Brief von Paulus gelesen (weil er ein Apostel war, dem Jesus selbst erschienen ist) oder die Gemeinde betete.

Die prophetische Rede ist nun eine besondere Gabe des Heiligen Geistes, wie die Gemeinden den Willen Gottes für ihre Situation erkennen können. Eine Person im Raum bekommt einen Gedanken vom Heiligen Geist, der die Gemeinde erbaut. Das kann sein, dass die Person eine Wahrheit ausspricht, die Hoffnung schenkt oder jemanden tröstet. Es kann auch sein, dass die Person eine Vorstellung von der Zukunft hat, die die Gemeinde ermutigt. Oder es ist einfach das passende Wort für die passende Zeit, z.B. ein Wort, das die Liebe untereinander und zu anderen Menschen fördert.

Prophetische Rede bedeutet also zusammengefasst, dass eine Person im Gottesdienst sich plötzlich meldet und sagt: „Ich glaube, Gott sagt mir gerade durch seinen Heiligen Geist etwas. Das möchte ich euch weitergeben." In manchen christlichen Gemeinden und Gemeinschaften wird diese Praxis auch heute noch so gehandhabt.

Da schlägt die Skeptikerin / der Skeptiker Alarm

Das klingt in der Theorie schön und gut, aber ganz ehrlich ... wie vertrauenswürdig sind diese Aussagen denn. Jedenfalls bei mir zieht sich da ein bisschen die Magengrube zusammen. Da kann ja jede/jeder kommen und sagen, was für sie/ihn jetzt „richtig" ist. Und wir wissen doch, wie viele verschiedene Ansichten und scheinbar gute Ideen in Gemeinden den Ton angeben. Soll jetzt plötzlich jede verrückte Idee von Gott sein? Woher wissen wir, dass es Gottes Gedanken sind und nicht menschliche Ideen und Gedanken?

Genau darum geht es Paulus, wenn er sagt: „Prüft alles und behaltet das Gute!" Die Jahreslosung bezieht sich zuallererst auf diese konkrete Situation im Gottesdienst. Paulus sagt: Nicht alles, was mit „Gott hat mir gesagt ..." eingeleitet wird, muss von der Gemeinde akzeptiert werden.

Nicht alles, was mit „Gott hat mir gesagt ..." eingeleitet wird, muss von der Gemeinde akzeptiert werden.

Nicht alles, was schön klingt oder auch faszinierend ist, ist auch wirklich vom Heiligen Geist. Nicht jede Idee, nicht jeder Gedanke in der Kirche ist automatisch gut. Gleichzeitig sollen wir diese Aussagen nicht belächeln, sondern sie ernst nehmen. Und das tun wir auch, indem wir prüfen, ob sie „gut" sind – für uns und die Gemeinde.

Ach wie schön ist das Prüfen ...

Und ganz ehrlich: Das Prüfen liegt uns Menschen. Wir prüfen so gern, alles und jede/jeden. Was bleibt uns auch anderes übrig, wir müssen ja Dinge überprüfen, weil wir aus so vielen Dingen auswählen können: Was soll ich wählen? Welchen Streaming-Dienst will ich mir leisten? Kaufe ich mir ein E-Auto oder doch noch ein gebrauchtes, älteres Modell? Wie viel Zeit verbringe ich täglich auf Social Media? Welche Klamotten kaufe ich? Wie ist mein ökologischer Fußabdruck? Was kann ich tun?

Manchmal lassen wir auch Dinge von anderen prüfen. Überlege dir nur mal kurz, wie viele Prüfsiegel dir auf die Schnelle einfallen: TÜV®, BIO, Umweltplakette, Nutri-Score®, vegan, Prädikat „besonders wertvoll", aus Altpapier, ohne Massentierhaltung, GEPA-Siegel, Stiftung Warentest-Bericht usw. Sehr oft vertrauen wir dem Urteil von anderen, die für uns prüfen.

Prüfen bedeutet Verantwortung

Denn Prüfen hat auch mit Verantwortung zu tun. Nur weil ich prüfe, heißt das nicht, dass ich ein verklemmter Erbsenzähler bin, sondern prüfen kann auch bedeuten: Ich nehme Verantwortung für mich und für andere wahr.

Die/der TÜV-Prüfende prüft das Auto ja, damit ich und andere sicher auf den Straßen unterwegs sein können. Der Klettergurt wird deshalb gecheckt, damit die Person, die in schwindelnder Höhe unterwegs ist, gesichert ist. Und zu prüfen, was ich esse und woher es kommt, hat mit Verantwortung gegenüber der Welt und ihren Ressourcen zu tun.

Wenn Paulus die Gemeinde zum Prüfen auffordert, dann ist er der Meinung, dass Gott uns zutraut, zu prüfen. Gott übergibt uns die Verantwortung, auch für die Kirche und die Gemeinde zu prüfen, was gut ist und darin Gottes Reden und seine Führung zu erkennen. Wir können und sollen mit unserem gesunden Menschenverstand, aber auch geistlich und mit unserem Herzen prüfen, was gut ist.

Damit übernehmen wir Verantwortung für Kirche und Gemeinde. Die Dinge, wie sie sind, nicht einfach hinzunehmen, sondern immer wieder zu hinterfragen, bedeutet also: Ich übernehme aktiv Verantwortung.

Die Dinge, wie sie sind, nicht einfach hinzunehmen, sondern immer wieder zu hinterfragen, bedeutet also: Ich übernehme aktiv Verantwortung.

Der TÜV® Gottes

Das Prüfen und das Einschätzen von Dingen, zu checken, ob sie „gut" oder „schlecht" sind, haben wir übrigens von Gott selbst gelernt. Die Bibel beginnt damit, dass Gott immer wieder auf seine Schöpfung schaut und sagt: „Sehr gut!" Gottes Art ist es auch, immer wieder Dinge zu prüfen. Er prüft seine Schöpfung, er schaut aber auch immer wieder kritisch auf das, was sein Volk Israel macht. Gott ist einer, der immer wieder mal genau hinschaut, weil er interessiert ist an seiner Welt, an seinen Menschen und an dem, was sein Volk und seine Kirche so machen.

„Kannste behalten!"

Wir sollen also untersuchen, genau hinschauen, ausprobieren und prüfen. Aber nicht, um alles einfach grundsätzlich zu kritisieren. Das Prüfen hat ein Ziel: Wir sollen auf diese Weise herausfinden, was „gut" ist – und das sollen wir behalten. Paulus hat eine klare Idee davon, was die christliche Gemeinde behalten und ausstrahlen soll: das Gute.

Was ist denn das Gute?

Um zu wissen, nach welchen Kriterien wir denn prüfen sollen, muss erst mal geklärt werden, was denn „das Gute" ist? Um diese Frage streiten die klügsten Köpfe seit Jahrtausenden: Was ist das Gute? Gibt es das überhaupt? Ist Gott das Gute? Das sind nur ein paar Fragen, die von den Philosophen bis heute heiß diskutiert werden.

Ursprünglich bezeichnet das griechische Wort für „gut" die Qualität oder Tauglichkeit einer Person: Eine gute Kriegerin oder einen guten Krieger erkennt man z.B. an den besiegten Feindinnen und Feinden, eine gute Diebin oder einen guten Dieb daran, dass sie/er nicht erwischt wird. Erst als sich die Philosophie mit dem Begriff beschäftigte, bekam das Gute eine moralische Wertung. Gutheit bedeutete dann soviel wie „Sittlichkeit" und „moralisch korrektes Verhalten".

Die Philosophie wollte insbesondere zwei Dinge klären: Erstens, ob es ein höchstes Gut, oder höchstes (moralisches) Prinzip gibt, das in dieser Welt herrscht und dem es nachzueifern gilt, also ob das Gute objektiv erkannt, festgelegt und bewertet werden kann. Zweitens, wie das Verhältnis von uns Menschen zum Guten ist. Also ob Menschen z.B. das Gute in sich tragen oder das Gute eine Haltung ist, für die sie sich aktiv entscheiden müssen, oder ob es auch völlig subjektiv ist, was gut ist.

Da die gesamte Debatte den Rahmen dieses Heftes sprengen würde, habe ich einfach ChatGPT befragt „Was ist das Gute?" Und die Antwort fasst die entscheidenden Punkte zusammen:

„Das Gute kann als moralisch richtig, positiv oder wünschenswert betrachtet werden. Es bezieht sich oft auf Handlungen, die anderen helfen, Glück und Wohlbe-

Paulus hat eine klare Idee davon, was die christliche Gemeinde behalten und ausstrahlen soll: das Gute.

finden fördern oder ethischen Prinzipien entsprechen. Es ist wichtig zu beachten, dass die Definition von ‚Gut' subjektiv sein kann und von verschiedenen Kulturen, Werten und Überzeugungen abhängt."[1]

Was sagt die Bibel dazu?

In der Bibel gibt es zwar keine philosophische Debatte darüber, was nun „das Gute" sein soll, dennoch gibt es ein paar prägnante Stellen zum Guten:

- Schon im Alten Testament erinnert Psalm 103,2 BB: „Lobe den Herrn, meine Seele! Und vergiss nicht das Gute, das er für dich getan hat!"
- Jesus sagt im Neuen Testament: „Was nennst du mich gut? Niemand ist gut, außer dem Einen: Gott" (Mk 10,18 BB).

Das Gute wird in der Bibel also sowohl im Alten als auch im Neuen Testament mit Gott verbunden. Gott ist gut und das, was er für uns Menschen tut bzw. getan hat, das ist gut. Das ist schön, aber auch sehr unkonkret. Für Paulus ist das Gute ohne Zweifel, was Gott in Jesus Christus für uns getan hat. Das ist die Botschaft, mit der er durch die Welt reist: Das Evangelium von Jesus Christus, dass Jesus für uns gestorben und auferstanden ist – das ist auf jeden Fall gut! Und dementsprechend soll sich das Handeln der Gemeinde auch am Evangelium ausrichten, denn durch das Evangelium wirkt Gott in der Welt und somit kommt Gutes in die Welt.

Wie das konkret aussehen kann, beschreibt der Theologe David Bosch so: „Dort wo Menschen Gerechtigkeit, Frieden, Gemeinschaft, Versöhnung, Einheit und Wahrheit in einem Geist der Liebe und Selbstlosigkeit erfahren und dafür arbeiten, dort dürfen wir es wagen, Gott am Werk zu sehen."[2]

Das wäre doch genial, wenn unsere Gemeinden so aussehen würden.

Alles auf den Prüfstand

Die Jahreslosung beinhaltet wie im letzten Jahr auch wieder das Wörtchen „alles". Wir sollen alles einer grundlegenden Prüfung unterziehen, ob es dem Guten dient. Das bedeutet nicht, mit einer grundlegenden Skepsis zu leben und alles ständig zu hinterfragen, sondern es geht wohl eher um eine Ermutigung, immer wieder

> Das Gute wird in der Bibel also sowohl im Alten als auch im Neuen Testament mit Gott verbunden.

1 www.chatopenai.de
2 David J. Bosch: Mission im Wandel. Paradigmenwechsel in der Missionstheologie, Brunnen Verlag, Gießen 2012, S. 507.

Gewohnheiten, Programme und Formate zu hinterfragen. Und das immer unter der Prämisse: Erfüllen sie noch den Zweck, dem Guten zu dienen? Also dem, was Gott sich für die Welt wünscht? Entsprechen sie dem, was er für uns getan hat? Erreichen wir noch Menschen damit? Denn wenn nicht, können sie auch nichts Gutes von uns erfahren, oder Gott kennenlernen, der gut ist.

Für mich steckt in der Jahreslosung eine große Chance, gerade in der aktuellen Zeit, in der in unserer Kirche viele Umbrüche stattfinden, in der sich Dinge verändern, in der weniger Menschen zur Kirche gehören, in der weniger Geld vorhanden ist usw. Gerade jetzt wäre es doch gut, wenn sich christliche Gemeinden und Gruppen sagen: „Lasst uns mal alle unsere Angebote auf den Prüfstand stellen – und das, was gut klappt, wozu die personellen und finanziellen Ressourcen vorhanden sind, das, was uns als Gemeinde erbaut und womit wir Menschen erreichen, das behalten wir. Den Rest nicht. Und dann schauen wir, welche neuen Ressourcen und Kräfte dadurch freigesetzt werden."

Mut zum Selbsttest

Die Jahreslosung macht uns Mut, keine Angst vorm Prüfen zu haben; selbstbewusst Dinge zu hinterfragen, auch wenn es sie schon lange gibt. Gott traut uns das zu, dass wir das prüfen können.

Diese Fragen darf ich auch an mein eigenes Leben stellen: Was ist gut für mich, was will ich auf jeden Fall behalten? Welche Gewohnheit hat sich aber vielleicht auch in meinen Alltag eingeschlichen, die ich wieder ändern möchte? Und wie trage ich dazu bei, dass Menschen Gutes erfahren?

Nicht nur die anderen, nicht nur die Gemeinde soll und darf sich hinterfragen, sondern auch jede und jeder einzelne.

Aber was, wenn das Falsche aussortiert wird? Was, wenn das neue Angebot noch viel schlechter läuft? Manchmal erkennen wir ja vielleicht erst hinterher, was das Gute war. Hier ist es wichtig, dass wir uns nicht in der Illusion verlieren, dass es eine „vollkommen gute" christliche Gemeinschaft, Gruppe oder Gemeinde gibt. Niemand von uns Menschen ist perfekt und daher ist auch keine Gemeinde perfekt. Müssen wir auch nicht sein, denn wir leben alle aus und von Gottes Gnade. Wenn wir uns das bewusst machen, soll das nicht zum Nichts-Tun verleiten, sondern uns die Sicherheit geben, dass wir ruhig mal mutig aussortieren dürfen.

Für mich steckt in der Jahreslosung eine große Chance, gerade in der aktuellen Zeit, in der in unserer Kirche viele Umbrüche stattfinden.

Im Gespräch bleiben

Und wer darf alles aussortieren? Darf das nur die Pfarrperson oder auch die Jugendreferentin / der Jugendreferent und die Kinderkirchmitarbeitenden? Paulus schreibt „prüfet", also Plural! Es soll nicht nur eine Person entscheiden, was gut ist, sondern er ermutigt dazu, gemeinsam im Gespräch und im Dialog darüber zu beraten, was behalten werden soll. Als Christinnen und Christen sind wir niemals allein unterwegs, sondern Gott hat uns viele Geschwister an die Seite gestellt. Somit werden verschiedene Stimmen und Meinungen gehört. Das kann natürlich auch zu Konflikten führen. Aber somit wird gewährleistet, dass Menschen und ihre Meinungen ernstgenommen und gehört werden und nicht vor vollendete Tatsachen gestellt. In der Gemeinde sollen Menschen ermutigt werden, miteinander ins Gespräch zu gehen und gemeinsam gute Wege zu finden. Das ist eine Art und Weise, wie Paulus sich das Prüfen wünscht: In liebevoller Wertschätzung, miteinander im Gespräch.

Was bleibt?

Paulus ermutigt die Gemeinde, aber auch uns, stetig zu fragen, wie wir „dem Guten", also wie wir Gott und seiner Sache dienen können. Prüfen ist nichts Schlechtes oder gar Böses, sondern sogar notwendig, um neue Impulse zu bekommen und wichtige Veränderungen und Neuausrichtungen in der Gemeinde zu ermöglichen.

> In der Gemeinde sollen Menschen ermutigt werden, miteinander ins Gespräch zu gehen und gemeinsam gute Wege zu finden.

„Ecclesia semper reformanda! – Die Kirche muss beständig reformiert werden", so lautet ein Motto aus der Zeit der Reformation. Kirche sollte sich beständig hinterfragen und erneuern. Nicht, weil sich alles verändert, nicht, um sich dem Zeitgeist anzupassen, sondern damit Menschen in der heutigen Zeit Gutes erfahren und darin Gott erkennen können, der vollkommen gut ist!

Dazu könnten ruhig ein paar Dinge aussortiert werden ...

MARTIN GRAUER

Die Jahreslosung
INTERPRETIERT

So viel Gutes

Lied zur Jahreslosung 2025

Lied

♩=104 **A** Refrain

G   D   Hm⁷   A

Es gibt so viel Gu - tes._ Lasst es uns ent-de-cken. In

G   D   Hm⁷   A

al - len Din - gen_ kann es sich ver - ste - cken.

Em⁷   D/F♯

Lasst uns_ doch_ das Gu - te_ dank - bar

G   A

se - hen und be - hal - ten_

Em⁷   D/F♯

Got - tes_ gu - ter Se - gen_ wird sich

G   A   D   Fine

mehr und mehr ent - fal - ten._

B Strophe

1. Al - les prü - fen,__ Gu - tes fin - den.__[1]
2. Al - le Men - schen gleich be - ach - ten.__[5]
3. In den Kri - sen__ Hoff - nung sä - en.__[9]

1. Bö - ses mei - den,[2] Träg - heit ü - ber - win - den.[3]
2. Frie - den hal - ten[6] und__ den Hass ent - mach - ten.
3. Schritt für Schritt auf neu - en We - gen ge - hen.

1. Fröh - lich blei - ben,__ dank - bar le - ben.__[4]
2. Nach - sicht ü - ben__[7] und nicht het - zen.__
3. Wei - te den - ken,__[10] nicht ver - za - gen.__[11]

1. Und an al - len Ta - gen__ un - serm
2. Und durch un - ser Le - ben__ Vor - bild
3. Mu - tig im Ver - trau - en__ Got - tes

1. Gott die Eh - re ge - ben.__
2. sein[8] und Zei - chen set - zen.__
3. gu - te Zu - kunft wa - gen.__[12]

Text und Musik: Hans-Joachim Eißler, Gottfried Heinzmann
© Praxisverlag buch+musik bm gGmbH, Stuttgart

1: 1. Thessalonicher 5,21

2: 1. Thessalonicher 5,22

3: 1. Thessalonicher 5,14

4: 1. Thessalonicher 5,16.18

5: 1. Thessalonicher 5,14

6: 1. Thessalonicher 5,13b

7: 1. Thessalonicher 5,14

8: 1. Timotheus 4,12b

9: 1. Thessalonicher 5,14

10: Psalm 31,9b

11: Josua 1,9

12: Psalm 37,5

Gedanken zu „So viel Gutes"

Wer will schon gern ermahnt werden? Vielleicht noch mit erhobenem Zeigefinger und vorwurfsvoller Stimme? Wer will schon gern Befehle empfangen? In bestimmten Zusammenhängen ist es notwendig, aber im Alltag? Und dann auch noch im Glauben? Nun haben wir als Jahreslosung einen Vers, der als Imperativ, grammatikalisch „Befehlsform", daherkommt. Und dieser Vers steht unter der Überschrift „Ermahnungen".

Ermahnen oder ermutigen?

Zum Abschluss seiner Briefe schreibt Paulus Ermahnungen und Grüße. Das griechische Wort, das er verwendet, um diese Passagen einzuleiten, hat viele Bedeutungen. „Parakaleo" bedeutet zum einen „trösten". Menschen in sehr bedrängenden Situationen sollen getröstet werden. „Parakaleo" heißt aber auch „bitten". Menschen tragen ihre Anliegen mit großer Dringlichkeit vor. „Parakaleo" wird auch im Sinne von „ermutigen" verwendet, zum Beispiel von Staatsmännern, die andere ansporn wollen. Auch von Soldaten und Schiffsleuten, die sich gegenseitig Mut machen. Bei der Bedeutung „ermahnen" ist keine scharfe Zurechtweisung gemeint. Eher eine ermunternde Ermahnung. Trösten, bitten, ermutigen, ermahnen – all das steckt in diesem einen Wort.

Bei der Bedeutung „ermahnen" ist keine scharfe Zurechtweisung gemeint. Eher eine ermunternde Ermahnung.

Mich fasziniert die Vielfalt der Bedeutungen. Denn genau diese Vielfalt in der Anrede nehme ich als hilfreich für mich und andere in unterschiedlichen Situationen wahr.

Methodischer Hinweis: Persönliche Frage und Austausch in der Gruppe: Was hilft mir? Was hilft mir in welcher Situation? Trösten, bitten, ermutigen, ermahnen? Wie höre ich auf diesem Hintergrund die Jahreslosung?

Das Gute sehen

Beim Jahreslosungslied haben wir uns für die Ermutigung entschieden: „Es gibt so viel Gutes, lasst es uns entdecken!" Im persönlichen Leben, in Gesellschaft, Politik und Weltgeschehen begegnen uns sehr viele Krisen. Die schlechten Nachrichten, die kritischen Entwicklungen, die schlechten Hochrechnungen und Prognosen können sich wie ein dunkler Schleier auf unser Leben legen. Die negative Sicht auf die Menschen und die Zukunft dominiert oft die Gedanken und lastet schwer auf der Seele. Die Jahreslosung richtet unseren Blick auf das Gute. „Prüft alles und behaltet das Gute." Das verstärkt der Refrain: „Es gibt so viel Gutes!" Im

Methodischer Hinweis: Persönliche Frage und Austausch in der Gruppe: Was hilft mir? Was hilft mir in welcher Situation? Trösten, bitten, ermutigen, ermahnen? Wie höre ich auf diesem Hintergrund die Jahreslosung?

Die Jahreslosung richtet unseren Blick auf das Gute.

ersten Teil wird das Prüfen im Sinne von Entdecken des Guten in den Blick genommen: „Es gibt so viel Gutes! Lasst es uns entdecken. In allen Dingen kann es sich verstecken." Im zweiten Teil liegt dann der Schwerpunkt auf dem Behalten. Bei allen schlechten Nachrichten, bei allem, was uns niederdrückt und belastet: „Lasst uns doch das Gute dankbar sehen und behalten. Gottes guter Segen wird sich mehr und mehr entfalten."

Methodischer Hinweis: Das Lied „So viel Gutes" vorsingen oder vorspielen. (Noten, Begleitsätze, Audio-Datei und Video unter www.jahreslosung.net). Im Anschluss persönliche Reflexion und Austausch: Wo kann ich das Gute in meinem Leben entdecken und behalten?

Was ist das Gute?

Über diese Frage lässt sich trefflich streiten und man kann ausführliche Abhandlungen dazu schreiben. In der Bibel wird allein Gott als vollkommen gut bezeichnet. Deshalb ist das Gute immer von Gott abgeleitet. Von dem Guten, das Gott für uns tut, erzählt das Evangelium von Jesus Christus („eu-angélion" bedeutet „gute Nachricht"). Paulus leitet aus der vertrauensvollen Glaubensbeziehung zu Jesus Christus Erwartungen an ein christliches Leben ab. Diese Ermutigungen bzw. Ermahnungen haben wir in den Strophen aufgenommen. Ebenso kurz und knapp wie Paulus. Zum Beispiel in Strophe 1: „Alles prüfen, Gutes finden. Böses meiden, Trägheit überwinden. Fröhlich bleiben, dankbar leben. Und an allen Tagen unserm Gott die Ehre geben."

Methodischer Hinweis: Strophen singen oder lesen, gern auch parallel zu 1. Thessalonicher 5,12-22. Persönliche Reflexion und Austausch über die Frage: Welche Ermutigung bzw. Ermahnung nehme ich für mich für die nächste Zeit mit?

GOTTFRIED HEINZMANN[3]

Methodischer Hinweis: Das Lied „So viel Gutes" vorsingen oder vorspielen. (Noten, Begleitsätze, Audio-Datei und Video unter www.jahreslosung.net). Im Anschluss persönliche Reflexion und Austausch: Wo kann ich das Gute in meinem Leben entdecken und behalten?

Methodischer Hinweis: Strophen singen oder lesen, gern auch parallel zu 1. Thessalonicher 5,12-22. Persönliche Reflexion und Austausch über die Frage: Welche Ermutigung bzw. Ermahnung nehme ich für mich für die nächste Zeit mit?

3 Beitrag aus: Andachten 2025. Das Andachtsbuch rund um die Jahreslosung © Praxisverlag buch+musik bm gGmbH, Stuttgart.

Prüft alles und behaltet das Gute.

1. THESSALONICHER 5,21

Wem gibst du deine Likes?

Likes gehören zum Leben?

Auslegung

Das Motiv zur Jahreslosung ist mitten aus dem Leben gegriffen: Likes gehören zu unserem Leben. Wir liken und werden geliked – nicht nur auf Social Media. Tag für Tag müssen wir unzählige Entscheidungen treffen, von morgens bis abends. Mit jeder Entscheidung, die wir treffen, setzen wir bildlich gesprochen ein Like: Müsli oder Brot, Bahn oder Auto, Buch oder PlayStation und und und. Über diese kleinen Dinge des Lebens hinaus gibt es große Themen, bei denen wir eine Entscheidung treffen müssen: im Blick auf unser Leben, auf unsere Gesellschaft und unsere Welt. Wie wollen wir leben und was ist uns z.B. wichtig im Miteinander von Menschen, in der Gesellschaft oder im Blick auf einen nachhaltigen Lebensstil? Sind wir religiös oder nicht? Und die Frage ist dann immer auch, was wir uns die Entscheidungen kosten lassen, die wir treffen. Ein Like als Reaktion auf einen Social Media-Post kostet uns nicht viel, aber andere Likes, die wir bei grundlegenden Lebensfragen setzen, können uns wirklich etwas kosten: Engagement, Geld, Zeit oder Kraft. Doch gerade solche Entscheidungen, die uns etwas kosten, können einen heilsamen Unterschied machen für andere und für uns.

Vom Privileg, selbst prüfen zu können

Die Jahreslosung von 2025 öffnet einen Raum der Freiheit. Es geht nicht um das Umsetzen von Regeln und Vorschriften, sondern darum, frei zu prüfen und zu entscheiden.

Gott traut uns zu, selbst zu beurteilen, was gut ist. Gott traut es uns zu und mutet uns zugleich zu, Entscheidungen zu treffen. Wir können uns nicht wegducken, sondern müssen selbst entscheiden. Weil es unser Leben ist und niemand anderes dieses Leben für uns leben kann. Gut ist in der Bibel nicht nur das, was mir selbst guttut und für mich selbst gut ist, sondern „gut" ist immer ein Beziehungsbegriff. „Gut" bedeutet: Das, was gut für mich ist, muss zugleich für andere gut sein. Die Leitlinie für ein solches Leben, das anderen und zugleich uns selbst guttut, findet sich in vielen Texten der Bibel. Die Zehn Gebote erzählen davon und die Worte von Jesus. Auch das Buch Micha formuliert prägnant: „Es wurde dir gesagt, Mensch, was gut ist und was der Herr von dir erwartet: Das Rechte tun, Nachsicht mit anderen haben und bewusst den Weg mit deinem Gott gehen" (Micha 6,8 BB).

Gut zu leben, hat demnach mit unserer Beziehung zu Gott und mit unseren Beziehungen zu unseren Mitmenschen zu tun. Gut ist, was guttut: anderen, unserer Erde und uns selbst.

Diese biblischen Texte wie z.B. aus dem Buch Micha bilden den Rahmen für ein „gutes" Leben. Innerhalb dieses Raums der Freiheit kennt die Bibel aber kein Klein-Klein von Vorschriften. Sondern in der Verantwortung vor Gott und vor anderen treffen wir Entscheidungen darüber, wie wir unser Leben gestalten. Und darum können Christinnen und Christen in manchen Fragen der Lebensgestaltung und der Ethik auch zu unterschiedlichen Einstellungen kommen.

Dem christlichen Glauben wird manchmal vorgeworfen, er würde Menschen klein machen und einengen. Die Jahreslosung für 2025 zeigt das Gegenteil: Gerade die Beziehung zu Gott öffnet einen Raum der Freiheit. In der Verantwortung vor Gott können wir aufrecht und selbstbewusst leben. Weil Gott uns das Leben anvertraut, es zu gestalten.

Gerade die Beziehung zu Gott öffnet einen Raum der Freiheit

Die Frage ist: Wo setzen wir unsere Likes? So, wie es das Motiv zur Jahreslosung zeigt, mit den verschiedenen Icons: Geballte Faust oder Herz – wollen wir vergeben oder zurückschlagen? Wollen wir Gutes über andere erzählen oder sie schlechtmachen? Wollen wir den gewohnten Luxus ohne Rücksicht auf Verluste durchziehen auf Kosten des Klimas oder sind wir bereit, unseren Lebensstil zu ändern?

Behalten hat mit Halten zu tun

Der Zusammenhang der Jahreslosung im 1. Thessalonicherbrief macht deutlich: Wenn wir das Gute behalten, dann hat dies eine heilsame Wirkung auf unser Leben. In 1. Thessalonicher 5,24 Lu wird ein Segenswunsch formuliert: „Er aber, der Gott des Friedens, heilige euch durch und durch und bewahre euren Geist samt Seele und Leib unversehrt, untadelig für die Ankunft unseres Herrn Jesus Christus."

Gut ist also das, was dazu dient, dass unser Leben gut und heil und unversehrt in Gottes Augen ist. Oder anders formuliert: Gut ist, was unsere Seele heil macht. Dass ein Leben heil wird in und trotz allem, was an Rissen und Brüchen in unserem Leben ist, das ist Gottes Geschenk. Wenn die Bibel von Vergebung spricht, dann meint sie genau das: Gott macht das, was wir zerbrechen, gut und schenkt neues Leben.

Wir können das Gute behalten, wenn wir selbst gehalten sind von Gott. Die Beziehung zu Gott ist das Koordinatensystem, das unseren Blick dafür schärft, was für andere und für uns selbst heilsam und gut ist.

Prüft alles und behaltet das Gute – oder anders formuliert: Überlege dir genau, wo du im Leben deine Likes setzt!

CORNELIUS KUTTLER

Filmempfehlungen des Ökumenischen Medienladens

Ausgewählte Medien zur Jahreslosung 2025

Medienliste

Die Medien stehen als Download oder Stream zur Verfügung unter www.oekumenischer-medienladen.de.

Die zusammengestellten Medien können aus lizenzrechtlichen Gründen nur von Personen aus Württemberg genutzt werden. Alle anderen verweisen wir gern auf https://medienzentralen.de oder die Möglichkeiten durch eine CCLI-Lizenz.

Kurzfilme

Adisa
Simon Denda, Deutschland 2020 | 29 Min., f., Kurzspielfilm

Nach einer wahren Begebenheit – Kenia, Afrika. Susanne, Chefdiplomatin und Repräsentantin der EU, besucht ein abgelegenes Dorf an der somalischen Grenze, das Opfer eines Terroranschlages wurde. Während die Hinterbliebenen alle Hoffnung in sie setzen, sind der Termin und die gemachten Versprechungen für Susanne reine realpolitische Routine. Doch nach einem schrecklichen Unfall, der durch ihre Anwesenheit ausgelöst wurde, wird sie gezwungen, ihre Komfortzone zu verlassen und sich gegen die etablierten Verhaltensmuster Europas zu stellen.

Gewalt, Afrika, Menschenrechte, Terrorismus, Menschenwürde
ab 14 Jahren

Stilles Land Gutes Land
Johannes Bachmann, Schweiz 2019 | 25 Min., f., Kurzspielfilm

Sybille ist Schulleiterin, Politikerin und alleinerziehende Mutter eines jugendlichen Sohnes. Sie steht kurz davor, die Wahl zur Gemeinderatspräsidentin zu gewinnen, weil ihre rechtspopulistische Politik gut ankommt in der kleinen ländlichen Schweizer Gemeinde. Auch ihr geliebter Sohn Luca wird von ihr eingebunden, soll die Online-Aktivitäten der Wahlkampagne unterstützen. Entsprechend sieht seine Einstellung zu Ausländern aus. Aber erst, als eine albanische Mitschülerin behauptet, Luca hätte sie sexuell misshandelt, wird Sybilles klar, welche Werte sie vorlebt. Glaubt sie dem Mädchen oder ihrem Sohn? Wofür sie sich entscheidet, wird maßgeblich ihre politische Karriere bestimmen. Sybilles Leben und ihre Werte geraten ins Wanken.

Rechtsradikalismus, Werte, Lüge, Wahrheit, Politik, Moral
ab 14 Jahren

Die Dimension des Bösen

Rainer Fromm, Deutschland 2015 | 30 Min., f/sw.,
Dokumentarfilm

Der Film hat viele Facetten des Bösen, wie es sich in der Vergangenheit und in unserer Zeit in seinen drastischsten Formen zeigte und zeigt: Fundamentalistische Selbstmordattentäter, grausame Kriege, extremistische Terrorgruppen, Amokläufe – die Medien sind voll von Nachrichten dieser Art. Aber was genau ist das Böse und woher kommt es? Ist das Böse in der menschlichen Natur angelegt oder gibt es teuflische Mächte? Diese Frage wird anhand von Beispielen erörtert. Weiterhin wird das Phänomen aus neurobiologischer, theologischer, forensischer, philosophischer und filmwissenschaftlicher Sicht beleuchtet.

Gewalt, Rechtsradikalismus, Sünde, Böses, Teufel, Fundamentalismus, Recht
ab 14 Jahren

Flächenbrand

Rainer Fromm, Deutschland 2023 | 32 Min., f.,
Dokumentarfilm

Viele Menschen aus der bürgerlichen Mitte fühlen sich in Deutschland von der Regierung nicht mehr repräsentiert. Die Zuwanderungsdebatte, die Corona-Pandemie, die Debatte über den menschengemachten Klimawandel und die Konsequenzen für die privaten Haushalte haben Deutschland verändert. Immer mehr Bürgerinnen und Bürger suchen nach einfachen Lösungsansätzen oder Sündenbockmechanismen, um der gefühlten Hilflosigkeit zu entgehen. Für Reichsbürgergruppen oder rechtsradikale Parteien wie die „Alternative für Deutschland (AfD)" ist ein riesiges Reservoir an Interessierten gewachsen. Die Dokumentation von Rainer Fromm gibt tiefe Einblicke in die verschiedenen rechtsextremistischen Bewegungen und lässt deren führende Köpfe aber auch Mitläufer zu Wort kommen.

Identität, Zukunft, Vorurteile, Gesellschaft, Rechtsradikalismus, Vorbilder, Politik
ab 14 Jahren

Hassjünger

Maximilian Damm / Julia Knopp, Deutschland 2018 | 60 Min., f., Dokumentarfilm

Sie waren jahrelang gefangen in einer Ideologie. Sie haben ihr komplettes Leben und sich selbst dafür aufgegeben. Sie waren Extremisten: ein Ex-Salafist und ein ehemaliger Neo-Nazi reisen zurück in ihre Vergangenheit. Zwei Jugendliche, die in der Pubertät zu Extremisten wurden. In völlig unterschiedlichen Gruppierungen und doch so ähnlich in der Biographie. Anhand ihrer Erfahrungsberichte stellt der Film eine der wohl brennendsten Fragen unserer Zeit: Warum radikalisieren sich Menschen? Was führt dazu, dass Hass entsteht? Dabei versucht die Dokumentation nicht anzuprangern, sondern zu verstehen.

Gewalt, Religion, Rechtsradikalismus, Hass
ab 14 Jahren

Liken. Hassen. Töten. Radikalisierung online

Alexander Spöri / Luca Zug, Deutschland 2023 | 25 Min., f., Dokumentarfilm

David S. ermordet in einem Einkaufszentrum neun Menschen mit Migrationshintergrund. Dann tötet er sich selbst. Seine rechtsextreme Radikalisierung fand auch auf Gaming-Portalen statt. Wie und warum werden Jugendliche zu Tätern und wo kann Prävention ansetzen? Die Konzeption zum Einsatz im Unterricht wurde von Violence Prevention Network erstellt und enthält wichtige Hinweise, die vor Zeigen des Films Beachtung finden sollten.

Gewalt, Rechtsradikalismus, Amok, Gewaltprävention

Rechter Populismus in Deutschland und Europa

Rainer Fromm, Deutschland 2015 | 25 Min., f.,
Dokumentarfilm

Eine wirkungsvolle Extremismusprävention ist nicht nur Erziehungsziel der Schule, sondern steht auch immer wieder im Fokus der gesellschaftlichen Diskussion. Der Film und das ergänzende Arbeitsmaterial ermöglichen einen kritischen Blick auf Parolen des Rechtspopulismus. Inhalte der Dokumentation sind Definition, Feindbilder, Argumentationsmuster und die Darstellung von einschlägigen Gruppierungen in Deutschland und Europa. Dabei werden die Abgrenzung, aber auch die fließenden Übergänge zwischen Populismus und Extremismus deutlich.

Flüchtlinge, Rechtsradikalismus, Demokratie, Asyl,
Rassismus, Politik, Fremdenhass
ab 14 Jahren

Rechtsextremismus im Internet

Didactmedia, Konstanz 2018 | 21 Min., f., Dokumentarfilm

Im Internet und in sozialen Netzwerken treten Rechtsextreme meist scheinbar harmlos auf – modern und jugendlich. Zu ihrer Strategie gehört es, unverfängliche Profile anzulegen, in denen es auch um Hobbys gehen könnte. Sie verbergen sich z.B. hinter Fanseiten von Fußballclubs, Tierschutzaktivisten oder Street-Art-Künstlern. Sie greifen aber auch politische Themen auf, wie Arbeitslosigkeit, Umweltschutz, Politikverdrossenheit und vermitteln diese Themen zeitgemäß. Es ist schwer, das auf den ersten Blick zu durchschauen. Die didaktische DVD zeigt anhand von konkreten Beispielen wie diese Strategien entlarvt werden können.

Nationalsozialismus, Rechtsradikalismus, Ideologie,
Rassismus, Manipulation, Internet
ab 14 Jahren

Rechtsextremismus in Deutschland

Rainer Fromm, Deutschland 2020 | 24 Min., f.,
Dokumentarfilm

Der Film gibt einen Einblick in die aktuelle rechtsextremistische Szene in Deutschland. Neben den Gruppierungen, Strukturen und Wirkmechanismen, die gezeigt werden, thematisiert der Film beispielsweise Gruppierungen wie die Identitäre Bewegung, aber auch rechtsextremistische Attentate und rechtsterroristische Netzwerke. Dabei liegt ein Fokus auch auf der digitalen Welt des Rechtsextremismus: (weltweite) Vernetzung, Verunsicherung, Verbreitung.

Antisemitismus, Nationalsozialismus, Rechtsradikalismus,
Ideologie, Rassismus
ab 14 Jahren

Rechtsruck

Daniel Che Hermann / Karla Stindt, Deutschland 2018 |
103/92 Min., f., Dokumentarfilm, 2 DVDs

In dieser Filmreihe beschäftigen sich junge Menschen mit Rechtspopulismus und dessen Auswirkungen auf eine Gesellschaft, in der rechtes Gedankengut zunehmend politisch und sozial etabliert wird. In den sieben Kurzfilmen untersuchen die jungen Filmemacherinnen und Filmemacher den aktuellen Rechtspopulismus, sein Auftreten, seine Argumentationsmuster und seine Verbindungen zur rechtsextremistischen Szene und verdeutlichen aktuelle politische und soziale Tendenzen. Außerdem zeigen die Filme Möglichkeiten auf, sich dem zu widersetzen und sich für ein solidarisches, demokratisches Miteinander einzusetzen.

Gesellschaft, Rechtsradikalismus, Widerstand, Rassismus,
Fremdenhass
ab 16 Jahren

Verschwörungserzählungen

Christopher Dillig, Deutschland 2021 | 21 Min., f.,
Dokumentarfilm

Besonders in Krisenzeiten haben Verschwörungserzählungen Hochkonjunktur. Der Film zeigt auf, was Verschwörungserzählungen sind, wie sie entstehen und welches Verbreitungspotenzial ihnen die digitale Welt bietet. Warum sind Verschwörungserzählungen eine Gefahr für Demokratie und Gesellschaft und wie kann man ihnen wirksam begegnen?

Kommunikation, Antisemitismus, Gesellschaft, Rechtsradikalismus, Demokratie, Wahrheit, Wirklichkeit, Hexen, Soziale Medien
ab 14 Jahren

Vorbilder

Martin Viktor-Nudow, Deutschland 2020 | 23 Min., f.,
Dokumentarfilm

Vorbilder – so vielfältig wie das Leben. Der Film porträtiert vier unterschiedliche Personen, die sich allesamt durch ihr besonderes Engagement auszeichnen: Norman Stoffregen setzt sich als „stinknormaler Superheld" für Umwelt- und Tierschutz ein, Mirko Drotschmann vermittelt auf seinem YouTube-Kanal Wissen über Politik und Geschichte, Kadir geht verschiedenen ehrenamtlichen Tätigkeiten nach und Sawsan Chebli kämpft als Politikerin gegen Hass und Rassismus. Der Film zeigt: Jede/Jeder kann ein Vorbild sein! Die Produktion ist sequenziert in 5 Kapitel: Vorbilder – so vielfältig wie das Leben (2:40 min.); Norman Stoffregen – ein stinknormaler Superheld (6:00 min.); Mirko Drotschmann – MrWissen2go (2:30 min.); Kadir Güzel – Engagement im Alltag (4:10 min.); Sawsan Chebli – Einsatz gegen Hass und Diskriminierung (7:10 min.).

Umwelt, Normen, Identität, Rechtsradikalismus, Klimawandel, Werte, Rassismus, Hass, Diskriminierung, Soziale Medien
ab 12 Jahren

Spielfilme
Das ist unser Land

Lucas Belvaux, Frankreich / Belgien 2017 | 115 Min., f.,
Spielfilm

Zur Image-Aufbesserung will eine rechtspopulistische französische Partei eine beliebte Krankenschwester als Kandidatin in die Kommunalwahlen schicken. Die bis dahin unpolitische Frau lässt sich nach anfänglichem Zögern überreden und nimmt Konflikte mit Patienten, Freunden und Familie in Kauf, bis sie die wahre Natur ihrer Förderer zu durchschauen beginnt.

Gewalt, Rechtsradikalismus, Demokratie, Werte, Lüge, Rassismus, Politik, Fremdenhass
ab 14 Jahren

Alles außer gewöhnlich

Eric Toledano / Olivier Nakache, Frankreich 2019 |
110 Min., f., Spielfilm

„Ich finde eine Lösung": Was wie eine Floskel klingt, ist für den Sozialarbeiter Bruno und seinen Kollegen Malik gelebte Wirklichkeit. Und das, obwohl der Alltag mit einem wilden Haufen Azubis und autistischen Jugendlichen einige Herausforderungen birgt. Das ewig klingelnde Notrufhandy lässt jedes Date platzen, und wenn Brunos Schützling Joseph mal wieder die Notbremse zieht, ist das Chaos perfekt. Mit zupackendem Engagement und unverwüstlichem Humor nehmen Bruno und Malik immer wieder den Kampf mit den Behörden auf und schaffen eine Gemeinschaft, in der jeder die Chance bekommt, über sich hinaus zu wachsen. Der Film beruht auf einer wahren Geschichte.

Konflikte, Behinderte Menschen, Gesellschaft, Sozialarbeit, Vorbilder, Autismus
ab 14 Jahren

Und morgen die ganze Welt

Julia von Heinz, Deutschland 2021 | 107 Min., f., Spielfilm

Luisa ist eine junge Mannheimer Jurastudentin aus einer wohlhabenden Familie. In Deutschland kommt es zu einem Rechtsruck, es finden Brandanschläge auf Flüchtlingsunterkünfte und gewaltsame Übergriffe statt. Rechte Parteien, wie die „Liste 14" (deren Polit-Design eine Anspielung auf die AfD darstellt), finden zunehmend Akzeptanz in der Bevölkerung. Luisa will dabei nicht tatenlos zusehen, sondern etwas dagegen unternehmen. Daher schließt sie sich einer Antifa-Gruppe an, in der sich ihre Freundin Batte engagiert. Zu den Mitgliedern der Gruppe gehören auch Alfa und Lenor. Sie möchten militant gegen Rechtsextreme vorgehen und deren Aufmärsche verhindern. Auch für Luisa wird Gewalt zunehmend ein akzeptables Mittel.

Konflikte, Gewalt, Gesellschaft, Rechtsradikalismus, Demokratie, Widerstand
ab 14 Jahren

Je suis Karl

Christian Schwochow, Deutschland / Tschechien 2021 | 121 Min., f., Spielfilm

In einem Berliner Wohnhaus explodiert eine Paketbombe. Von Maxis Familie überleben nur sie und ihr Vater Alex. Während Alex durch den Verlust den Halt verliert und sich in eine eigene Welt zurückzieht, wird Maxi in ihrer Trauer immer aggressiver – zumal der Verdacht, der Anschlag könne einen islamistischen Hintergrund haben, in ihr einfache Schlussfolgerungen auslösen: Tragen nicht die Migrationspolitik der Regierung und das linke Milieu, aus dem sie stammt, die Verantwortung an dem Verbrechen? Bald taucht der Student Karl auf und bringt sie mit der neurechten Bewegung „Re/Generation" in Kontakt. Fasziniert von deren Dynamik und zum Teil äußerst charismatischen Mitgliedern, lässt sich Maxi auf die Gruppe ein. Mit ihrer tragischen Geschichte und ihren diffusen Ängsten wird sie schnell zu einem Sprachrohr der fremdenfeindlichen Bewegung.

Rechtsradikalismus, Demokratie, Fremdenhass
ab 14 Jahren

MARTIN GRAUER MIT UNTERSTÜTZUNG DES EVANGELISCHEN MEDIENLADENS

Prüft alles?

1. Thessalonicher 5,21

Liedpool

Geistliche und säkulare Lieder zur Jahreslosung 2025 aus den Bänden von „Das Liederbuch"

Medienliste

Das Liederbuch[4]

Liednummer	Liedtitel
9	Show Me, Lord
31	Mehr als wir suchen
54	Ich weiß es nicht
55	Weißt du
56	I Still Haven't Found What I'm Looking For
57	Auf dem Weg
58	Irgendwas bleibt
62	Wenn wir Gott von ganzem Herzen suchen
111	Wir alle
118	So a schöner Tag (Der Flieger)
119	Halt dich fest
120	Wenn diese Freunde nicht wären
122	Wege vor mir
123	Unterwegs mit Gott
124	Geh aus, mein Herz, und suche Freud
134	Dass mein Leben sich lohnt
135	Beautiful Things
143	Lasse redn
145	Lean On Me
152	Herr, mach mich zum Werkzeug deines Friedens
163	The Heart Of Worship
192	Let It Be
206	Meeting, Learning, Sharing
207	Auf dem Weg der Gerechtigkeit
211	Neue Spur
222	Was uns bleibt
230	Your Love Never Fails
234	Dieser Weg

4 Heinzmann, Gottfried / Eißler, Hans-Joachim (Hg.): Das Liederbuch. glauben – leben – lieben – hoffen, buch+musik, Stuttgart ⁵2015.

Das Liederbuch 2[5]

Hier findet ihr zwei Spotify-Playlists mit passenden Liedern zur Jahreslosung.

Säkulare Songs

https://bumlnk.de/JL25_saekulare-songs

Gemeindesongs

https://bumlnk.de/JL25_gemeindesongs

MATTHIAS WEIDA UND MARTIN GRAUER

---

5 Kuttler, Cornelius / Eißler, Hans-Joachim / Krimmer, Michl / Seule, Johannes (Hg.): Das Liederbuch 2. glauben – leben – lieben – hoffen, buch+musik, Stuttgart 2021.

Die Jahreslosung umgesetzt für KINDER und YOUNG TEENS

Baustein für Kinder zur Jahreslosung 2025

Gruppenstunde

Die Jahreslosung für das Jahr 2025 soll mit diesem Baustein für Kinder praktisch erlebbar werden. Im Zentrum des Bausteins steht der Zuspruch: „Gott hat dich lieb, so wie du bist. Diese Zusage ist der Prüfstein für alles, was dir in deinem Leben passiert."

Material:

- 1 Stuhlkreis
- bunte Tücher zur Gestaltung der Kreismitte
- verschiedene Gegenstände, die die Sinne der Kinder ansprechen
- 1 Korb oder Schale pro Kind, 3 weitere Körbe
- mehrere Herzen pro Kind (s. Downloadbereich)
- mehrere Steine pro Kind
- 1 ausgeschnittene, laminierte Hand (s. Downloadbereich; Fotokarton, Laminierfolie, Laminiergerät)
- 1 große, mit Wasser gefüllte Schale
- 2 Abdeckung für Schale und Körbe (z.B. Baumwolltuch)
- 1 Lupe pro Kind (s. Downloadbereich; Fotokarton, Scheren)
- 1 kleines Säckchen
- Stifte
- Bastelmaterialen zum weiteren Verzieren der Lupen

Vorbereitung

Im Stuhlkreis werden Tücher in die Kreismitte gelegt und mit verschiedenen Gegenständen bestückt. Die Gegenstände sollen unterschiedliche Sinne der Kinder ansprechen, es können also z.B. Gegenstände sein, die schön aussehen, Gegenstände, die sich gut anfühlen (z.B. ein Handschmeichler oder ein kleines Stofftier), Gegenstände, die gut riechen (z.B. ein Lavendelkissen) und Gegenstände, die einen Klang haben (z.B. Klangkugeln). Die Auswahl der Gegenstände sollte sich am Alter und Erlebnisbereich der Kinder orientieren.

Die laminierte Hand wird in eine Schale mit Wasser gelegt und mit einem Stein beschwert (alternativ kann die Hand am Schalenboden festgeklebt werden) und mit einem Tuch abgedeckt. Die Schale steht in Reichweite der Leitung.

Ein Korb wird mit Herzen befüllt, ein weiterer Korb mit Steinen. Die beiden Körbe werden ebenfalls abgedeckt und unter den Stuhl der Leitung gestellt. Unter jeden Stuhl im Stuhlkreis wird ein kleines leeres Körbchen gestellt.

Die Lupen werden in einem Säckchen versteckt unter den Stuhl der Leitung gelegt.

Ablauf

Die Leitung lenkt die Aufmerksamkeit der Kinder auf die verschiedenen Gegenstände in der Kreismitte. Sie erklärt, dass sich jedes Kind für die Länge der Einheit einen Gegenstand aussuchen darf. Die Kinder dürfen zunächst eine Runde um die Kreismitte gehen und überlegen, welchen Gegenstand sie sich aussuchen möchten. Wenn die Kinder zurück an ihren Platz gegangen sind, darf sich reihum jedes Kind einen Gegenstand an seinen Platz holen. Es ist darauf zu achten, dass es deutlich mehr Gegenstände als Kinder gibt, damit die Kinder eine große Auswahl haben.

Nachdem sich alle einen Gegenstand ausgesucht haben, fragt die Leitung die Kinder, warum sie sich gerade diesen Gegenstand ausgesucht haben. Jedes Kind, das möchte, darf dazu etwas sagen.

Die Leitung merkt sich aufmerksam, welche Kriterien die Kinder nennen, nach denen sie ihren Gegenstand ausgesucht haben. Kinder könnten z.B. antworten, dass sie einen Gegenstand ausgewählt haben, weil er schön aussieht oder weil er sich gut anfühlt. Vielleicht auch, weil sie Gefühle und Erinnerungen mit dem Gegenstand verbinden. Die übriggebliebenen Gegenstände aus der Mitte werden in einen Korb gesammelt und zur Seite gestellt.

Die Antworten der Kinder, weshalb sie ihren Gegenstand gewählt haben, werden von der Leitung zusammengefasst. Damit leitet sie zur Jahreslosung über: „Ihr habt euch einen Gegenstand ausgesucht, weil ... Damit habt ihr, ohne dass ihr es wusstet, eine Fähigkeit genutzt, die uns die Jahreslosung für dieses Jahr vorschlägt: das Prüfen. ‚Prüft alles und behaltet das Gute.' heißt die Jahreslosung. Ihr habt euch die Gegenstände angeschaut, ihr habt mit den Augen geprüft, ihr habt die Gegenstände vielleicht auch berührt und so mit den Händen geprüft. Vielleicht habt ihr auch mit den Ohren geprüft oder euch daran erinnert, dass ein Gegenstand schön klingt und ihn deswegen ausgesucht.

Vielleicht habt ihr auch daran gerochen und euch hat der Geruch gefallen."

Daran anknüpfend sind verschiedene Gesprächsimpulse möglich:

- „Prüft alles und behaltet das Gute." Wie versteht ihr diesen Satz?
- Prüfen, wie geht das eigentlich?
- Alles prüfen, wie kann das gehen?

Im Anschluss wird dazu übergeleitet, sich nun gemeinsam zu überlegen, wie die Aussage der Jahreslosung zu unserem Leben passt.

Die Leitung erläutert: „In unserem Leben passieren ganz viele Dinge. Uns begegnen viele Menschen, zu Hause, im Kindergarten, in der Schule und auch noch an anderen Orten. Und manchmal, da sagen Menschen Sachen zu uns, die sind wunderschön. Die machen uns ganz fröhlich." Der Korb mit den Herzen wird in die Mitte gestellt.

Prüfen, wie geht das eigentlich?

„Das kann sich anfühlen, als würde man ein Herz geschenkt bekommen. Zum Beispiel: ‚Ich will mit dir spielen', oder: ‚Ich mag dich'."

Die Leitung legt für jeden Satz, der gesagt wurde, ein Herz in den Korb vor die eigenen Füße, der unter dem Stuhl hervorgeholt wurde. Die Kinder werden gefragt, ob ihnen auch so ein Herz-Satz einfällt. Ein paar Beispielsätze werden gesammelt.

Im Anschluss wird der Korb mit Steinen in die Mitte gestellt. Es wird erläutert, dass es nicht immer nur schöne Dinge gibt, die wir von anderen Menschen gesagt bekommen. Dass manchmal Menschen Dinge zu uns sagen, die sich

kantig und „piksig" anfühlen oder so schwer sind wie ein Stein. Zum Beispiel: „Du kannst nicht gut fangen.", oder: „Du blöde Kuh." Die leitende Person legt je Beispielsatz einen Stein in den Korb vor den eigenen Füßen.

Die Kinder erhalten Zeit, zu überlegen, ob sie das einmal erlebt haben, dass jemand zu ihnen etwas gesagt hat, das sich wie ein kantiger, schwerer Stein angefühlt hat. Es wird nicht aktiv dazu aufgefordert, Sätze in der Runde zu äußern.

Anschließend erhalten die Kinder Zeit, für sich zu überlegen, welche Herz-Sätze und welche Stein-Sätze schon einmal jemand zu ihnen gesagt hat. Sie können je Satz ein Herz bzw. einen Stein in ihr Körbchen legen. Die Kinder dürfen auch Herzen für schöne Sätze in ihren Korb legen, von denen sie sich wünschen, dass sie jemand zu ihnen sagen würde.

Daran schließt sich eine Runde an, in der alle Kinder, die mögen, ein Herz oder einen Stein aus ihrem Korb in die Hand nehmen und erzählen können, an welchen Satz sie dieses Herz oder dieser Stein erinnert.

Es wird dabei von Beginn an betont, dass es sein kann, dass es bei den Stein-Sätzen Beispiele gibt, die man nicht nochmal wiederholen will und dass es völlig in Ordnung ist, einen Stein-Satz nicht nochmal zu sagen. Es wird sich bei den Kindern bedankt, wenn sie von ihren Herz-Sätzen und Stein-Sätzen erzählt haben.

Anschließend wird noch einmal an die Jahreslosung erinnert. Es wird wiederholt, wozu uns die Jahreslosung ermutigt: „Prüft alles und behaltet das Gute." Es wird betont, dass das Prüfen ja bereits am Anfang geübt wurde. Gemeinsam wird sich daran erinnert, dass gemeinsam Verschiedenes gesammelt wurde, an das sich im Leben erinnert werden kann: an Herzen und an Steine.

Und jetzt ist die Frage: Wie soll das gehen, das Gute zu behalten? Mögliche Gesprächsimpulse:

- Wie können wir denn prüfen, was wir in unserem Leben behalten wollen und was nicht?
- Wenn wir auf die Herzen und Steine schauen, wie können wir entscheiden, welche wir behalten wollen?

Die Leitung geht mit dem Säckchen mit den Lupen reihum, jedes Kind darf sich eine Lupe aus dem Säckchen ziehen. Die Leitung fordert die Kinder auf, den gezogenen Gegenstand auszuprobieren. Es werden Ideen gesammelt, worum es sich bei dem Gegenstand handeln könnte und was man damit machen kann.

Ein Kind, das bereits lesen kann, wird gebeten, vorzulesen, was auf der Lupe steht: „Ich hab dich lieb, so wie du bist." Es wird überlegt, wer diesen Satz zu wem sagen könnte. Es wird erarbeitet, dass wir uns vorstellen können, dass Gott uns und unser Leben mit dieser Lupe betrachtet: „Gott hat uns lieb, so wie wir sind. Bei Gott sind wir willkommen, mit allem, was zu uns gehört. Mit allen Herzen, mit allen Steinen. Und wenn wir mit dieser Lupe auf uns und auf unser Leben schauen, dann können wir alles wegtun, was nicht zu dieser Botschaft passt."

Ich hab dich lieb, so wie du bist.

Die Schale mit Wasser wird von der Leitung aufgedeckt, auf das Tuch gestellt und sie ermuntert die Kinder: „Alles, was ihr in euren Körbchen habt und was da nicht mehr sein soll, müsst ihr nicht allein mit euch herumtragen, das könnt ihr in Gottes Hand legen."

Die Kinder haben nun Zeit, Steine (und Herzen) in Gottes Hand zu legen.

Im Anschluss kann „Wenn einer sagt: Ich mag dich, du" (Kommt und singt, Nr. 470), gesungen werden. Insbesondere Strophe 4 nimmt den Gedanken der Einheit auf.

Zum Baustein basteln
Zum Abschluss des Bausteins werden die Lupen mit Bastelmaterialien verziert. Kinder, die schnell mit dem Verzieren fertig sind, könnten noch eine zweite Lupe basteln.

MAGDALENA MANNSPERGER

PRÜFT ★ ALLES UND ★ BEHALTET DAS ★ GUTE

LIEBE

FREUDE

LANGMUT

FREUNDLICHKEIT

GÜTE

TREUE

SANFTMUT

SELBSTBEHERRSCHUNG

Das Gute nehmen wir heut mit

Ein Gottesdienst für und mit Kindern zur Jahreslosung 2025

Gottesdienst-Entwurf

Dieser Gottesdienstentwurf für Kinder stellt die Frage nach dem Guten in den Mittelpunkt. Er erinnert daran, dass wir auch im Leben immer wieder neu nach dem Guten suchen und es entdecken müssen. Gerade Kinder, die einen natürlichen Forschungsdrang verspüren, sollten immer wieder darin bestärkt werden, Neues und Gutes zu entdecken. Anhand von verschiedenen Personen aus der Bibel, soll ihnen in diesem Gottesdienst deutlich werden, dass Gott es gut mit uns meint und seine Gegenwart gut ist für unser Leben. Als Bastelangebot können die Kinder eine Lupe zum Suchen basteln. So werden sie immer wieder daran erinnert, sich auf die Suche nach dem Guten zu machen.

Begrüßungslied:	Das ist toll (Immer und überall, Kinderkirchenlieder, Nr. 144)
Begrüßung:	Kann vor Ort eigenständig formuliert werden.
Eingangswort:	Wir feiern fröhlich miteinander Gottesdienst. Gott ist jetzt da – Gott ist gut wie ein guter Vater, eine gute Mutter.
	Von Jesus hören wir – Jesus brachte das Gute in die Welt.
	Gottes Geist ist in uns – Gottes Geist zeigt uns, was gut ist. Amen.
Hinführung zum Thema (Gespräch mit den Kindern):	„Ich habe hier ein paar Walnüsse. Wie kann man überprüfen, ob sie gut sind? (Kinder antworten) Ob etwas gut ist, muss man testen. Was fällt euch alles ein, was man testen oder prüfen muss? (Kinder antworten) Und habt ihr Ideen, wie man etwas prüft? (Kinder antworten)"
Die Jahreslosung 2025 mit Gesten:	Mit den Händen wird die Jahreslosung dargestellt:
	„Prüft alles": Mit Daumen und Zeigefinger der rechten Hand wird ein Ring geformt. Mit einem Auge schaut man durch diesen Ring, wie durch eine Lupe, auf die Handfläche der anderen Hand.
	„... und behaltet das Gute.": Die rechte Hand legt sich wie ein Deckel auf die Handfläche der rechten Hand.
	Die Jahreslosung, unterstützt durch Gesten, kann während des Gottesdienstes immer wieder in Erinnerung gerufen werden
Ein Psalm zur Jahreslosung:	Der Psalm wird in zwei Gruppen im Wechsel gesprochen. Den Refrain sprechen/singen alle gemeinsam. Er kann auf die Melodie „Wie schön, dass du geboren bist" gesungen werden (s. Downloadbereich).
Ob etwas gut ist, muss man prüfen – Menschen der Bibel erzählen:	Folgende Materialien werden auf einem großen Tuch bereitgestellt: 1 Namenslexikon, 1 violettes Tuch, 1 Schnuller, 1 Papier-Schiffchen, 1 Fieberthermometer. Die passende biblische Geschichte (s. Downloadbereich) wird jeweils verdeckt dazugelegt.

| Hinführung: | „Eure Eltern haben bestimmt beim Essen schon mal zu euch gesagt: ‚Du musst erst einmal probieren!' Vielleicht hat es euch dann geschmeckt und es war lecker. Vielleicht hat es euch auch nicht geschmeckt. |

Ob etwas gut ist, muss man prüfen.

Ich möchte euch ein paar Menschen vorstellen. Von ihnen erzählt die Bibel. Sie sind unterschiedlich. Männer, Frauen, ja, auch ein Kind. Aber allen gemeinsam ist: Sie mussten etwas probieren oder prüfen oder testen oder ausprobieren.

In unserer Mitte seht ihr Gegenstände liegen. Zu jedem Gegenstand gibt es eine kleine Geschichte. Womit sollen wir beginnen?"

Die Kinder suchen nacheinander eine Geschichte aus, die vorgelesen werden soll. Die Geschichten können von unterschiedlichen Mitarbeitenden gelesen werden. Aber auch Kinder oder mitfeiernde Erwachsene können einbezogen werden.

Zacharias (Namenslexikon) – nach Lukas 1,5-25.57-66: Ich bin Zacharias. Ich bin schon alt. Sehr alt. In meinem Alter kriegt man keine Kinder mehr. Was soll ich euch sagen? Hättet ihr das geglaubt? Ein Engel kam. Er sagte: „Du wirst Vater." „Ich? Das kann nicht sein!", sagte ich. „Doch", antwortete der Engel, „du wirst schon sehen". Mir hat es die Stimme verschlagen. Wirklich. Ich konnte nicht mehr sprechen. Bis unser Sohn zur Welt kam. „Er heißt Johannes!", das schrieb ich auf eine Tafel. Und dann konnte ich es auch sagen: „Er heißt Johannes!". Alles war wieder gut.

Lydia (violettes Tuch) – nach Apostelgeschichte 16,14-15: Ich heiße Lydia. Ich bin Händlerin. Ich verkaufe wertvolle Stoffe. Die sind so richtig teuer. Meine Kundinnen und Kunden wollen nur die besten Stoffe. Sie gucken ganz genau, ob da nicht ein Webfehler ist. Oder sie schauen, ob alles gleichmäßig gefärbt ist. Ich färbe nämlich mit Purpur. Ihr kennt das unter der Farbe Violett. Einmal kam Paulus in meine Stadt. Er wollte nichts kaufen. Er erzählte von Jesus. Das hat mich sehr begeistert. Er sagte: „Jesus liebt dich, auch wenn du Fehler machst." Das tat mir richtig gut.

Maria (Schnuller) – nach Lukas 2,1-20: Wir mussten an so viele Türen klopfen. Aber niemand nahm uns auf. Ich heiße Maria. Und ich war schwanger. Wir waren unterwegs nach Bethlehem. Doch dort hatte niemand Platz für uns. Dabei kriegte ich bald ein Kind. Aber das interessierte niemanden. Es war zum Heulen. Ein Stall war dann meine Rettung. Wenigsten ein bisschen Schutz. Dann ging alles ganz schnell. Ich brachte einen Jungen zur Welt: Jesus. Es war genauso, wie der Engel es gesagt hatte. Jetzt wusste ich: Gott macht alles gut.

Petrus (Papier-Schiffchen) – nach Matthäus 14,22-33: Ich bin Petrus. Wir waren mit unserem Boot unterwegs. Ein heftiger Sturm kam. Wir hatten Angst, dass wir ertrinken. Dann kam Jesus. Ich weiß nicht, wie. Er war einfach da. Jesus lief auf dem Wasser. Er sagte zu mir: „Komm!" „Wie soll das gehen, auf dem Wasser laufen?", fragte ich mich. „Vertrau mir", sagte Jesus. Ich wagte es. Ich prüfte, ob mich das Wasser trägt. Und tatsächlich. Der erste Schritt ging gut. Doch dann sah ich nur noch Wellen und Wasser. Zum Glück packte mich Jesus mit seiner Hand. Ich war gerettet. Mit Jesus an der Seite ist alles gut.

Tochter des Jairus (Fieberthermometer) – nach Markus 5,22-24.35-43: Hallo! Was mir passiert ist, werdet ihr nicht glauben. Ich bin 12 Jahre alt. Mein Papa liebt mich über alles. Er heißt Jairus. Ich war krank. Fieber. Und mein Papa kümmerte sich um mich. Ich bekam nichts mehr mit. So schlecht ging es mir. Mein Papa wusste nicht mehr, was er tun sollte. Dann hat er Jesus geholt. Und Jesus kam zu uns nach Hause. Jesus sagte zu mir: „Steh auf!" Daran kann ich mich wieder erinnern. Ich überlegte, ob ich das kann. Doch dann spürte ich eine Kraft in mir. Ich setzte mich hin. Dann stand ich auf. Jetzt hatte ich einen Bärenhunger. Ich aß. Das Leben kehrte in mich zurück. Alles wurde wieder gut.

Vertiefung:	Nachdem alle Geschichten erzählt sind, wird eine selbstgebastelte Lupe (s.u.) in die Mitte gelegt. Daneben wird ein Blatt Papier mit einem großen Fragezeichen gelegt. „Was könnt ihr erzählen? Wie habt ihr herausgefunden, dass etwas gut ist?" Die Kinder antworten und erzählen eigene Geschichten.
Lied:	Gib uns Ohren, die hören (Kommt und Singt, Nr. 496; Immer und überall, Kinderkirchenlieder, Nr. 251)
Mmmh- und Bähh-Spiel (mit Gummibärchen):	Auf einen Teller in der Mitte werden 10 Gummibärchen gelegt. Ein Kind verlässt kurz den Raum (am besten mit einer mitarbeitenden Person). Die anderen Kinder wählen ein Gummibärchen aus. Dieses ist „Bähh", also ungenießbar. Nun darf das Kind, das draußen gewartet hat, wieder reinkommen und immer ein Gummibärchen vom Teller nehmen und essen oder einstecken. Wenn es nicht das „Bähh"-Gummibärchen ist, rufen alle laut: „Mmmh". Erwischt das Kind aber das „Baähh"-Gummibärchen, dann rufen alle „Bähhh". Dieses und die restlichen Bärchen müssen auf dem Teller liegenbleiben. Ein anderes Kind darf eine neue Runde starten.
Lied:	Aufstehn, aufeinander zugehn (Kommt und singt, Nr. 286; Immer und überall, Kinderkirchenlieder, Nr. 376)

Post-it-Gebet und Vaterunser:	**Material:** schwarzer Filzstift, quadratische Post-its
	„Guter Gott, du bist gut. Du tust uns viel Gutes. Das Gute nehmen wir mit nach Hause. Das Gute wollen wir behalten. Aber es ist nicht alles gut. Wir sagen dir jetzt, was gut ist. Wir sagen dir auch, was gar nicht gut ist – hier und überall auf der Welt.
	Ihr dürft nun auf die Post-its einen lachenden und einen traurigen Smiley malen. Die Post-its klebt ihr dann um das Fragezeichen herum. Wer will, darf dazu auch sein Gebet sprechen."
	Kinder beschriften die Post-its und kleben sie um das Fragezeichen.
	„Guter Gott, mach du etwas Gutes daraus. Alle Kinder und alle Menschen sollen gut leben – hier und überall auf der Welt. Darum bitten wir dich durch Jesus, unseren Freund, der das Gute in die Welt brachte. Amen.
	Gemeinsam beten wir weiter mit den Worten von Jesus: Vater unser im Himmel ..."
Segenslied:	Viele kleine Leute (Kommt und sing, Nr. 533; Immer und überall, Kinderkirchenlieder, Nr. 262)
Segen:	Der Segen kann eigenständig ausgesucht werden.
Kreativaktion im Anschluss:	Lupe mit Griff selbst machen
	Material: 1 Stück Pappe (alter Versandkarton oder -umschlag), 1 transparenter Deckel eines Joghurt- oder Frischkäsebechers, 1 Schere, 1 Kleber, 1 Lineal, 1 Bleistift, Pinsel, Bastelfarben, Dekomaterial, 1 Glas zum Malen der beiden Kreise

Bastelanleitung

1. Zeichne auf die Pappe einen größeren Kreis (mit Hilfe der größeren Seite des Glases) und dort hinein einen kleineren Kreis (mit Hilfe der kleineren Seite des Glases). Der innere Kreis sollte ein bisschen kleiner sein als der transparente Deckel.

2. Male nun einen Lupen-Griff an die beiden Kreise. Achtung: Nicht zu schmal machen!

3. Schneide die Lupe entlang der Bleistiftmarkierung aus, ebenfalls den inneren Kreis. Mithilfe der ersten Lupe kannst du eine zweite Lupe auf die Pappe zeichnen und diese ebenfalls ausschneiden.

4. Entferne mit der Schere den Rand des Deckels. Die Plastikscheibe klebst du nun zwischen die beiden Lupen.

5. Jetzt kannst du deine Lupe noch mit Farbe und Dekomaterial verzieren. Doch Vorsicht: Es soll keine Farbe auf die Plastikscheibe kommen.

Tipp: Wenn du mit Kindern bastelst, ist es besser, die Lupen zuerst zu bemalen und nach dem Trocknen zusammenzukleben. Das dauert dann natürlich etwas länger.

Genial: Wenn du auf deine Lupe vorsichtig einen Tropfen Wasser gibst, funktioniert sie sogar!

MARKUS GRAPKE

Das große Testen

Kirche Kunterbunt zur Jahreslosung 2025

Gottesdienstentwurf

Den Rat in der Jahreslosung gibt der Apostel Paulus der Gemeinde in Thessalonich. Wir sollen gerade in Glaubensfragen prüfen, was wir hören und was wir schon übernommen haben. Es ist gut zu prüfen, ob unsere Verhaltensweisen und unsere Lebens- und Glaubenssätze gut sind oder manches davon aussortiert werden sollte.

Wenn aber alles geprüft werden soll, dann wirft das die Frage auf, nach welchen Maßstäben, also „wie" geprüft werden soll. Hier gibt es vielfältige Möglichkeiten: sinnlich, also mit den Sinnen, oder kognitiv, also durch Nachdenken oder Wissen.

Was das Gute sein soll, das wir behalten, muss inhaltlich gefüllt werden, da auch im weiteren Kontext des Paulusbriefes nicht weiter darauf eingegangen wird.

Grundlegend für das Gute ist der Blick auf Christus, der uns frei macht von Sorgen und uns Mut und Kraft gibt für den Alltag und auch für den ein oder anderen neuen Schritt Richtung Zukunft. Auch was das Gute sein soll, muss konkret gemacht werden. Dabei wurden unterschiedliche Facetten gewählt, wie etwa: sich auf das Gute zu konzentrieren, sich am Guten zu freuen oder etwas Gutes daraus zu machen und schlussendlich sich Gutes zusprechen zu lassen (Segen), damit möglichst alle Sinne angesprochen werden und die Message vom Kopf ins Herz rutschen kann.

Willkommens-Zeit

Beim Ankommen werden gleich die Sinne geschärft und der erste „Test" gemacht: Drei Dosen sind mit einem Gewürz (z.B. Zimt), etwas Zitrone und Seife gefüllt und können nicht gesehen, aber mit dem Geruchssinn erkannt werden. Die Ankommenden dürfen tippen und raten, was sich in den drei Dosen befindet. Alternativ ist auch eine Fühl-Box denkbar.

Theaterstück I

Start mit Teil 1 eines Theaterstücks

1. Szene: Im Testlabor: Person mit weißem Kittel/Brille und Kind Knut

Testleitung:	Herzlich willkommen in unserem Testlabor von Stiftung Lebenstest. Wir testen alles, zum Beispiel diesen Kuchen hier von Oma Käthes 75. Geburtstag. Ich darf meinen Testkandidaten herzlich begrüßen: Hallo, Knut!
Knut:	Hallo!
Testleitung:	So, lieber Knut. Du warst kürzlich auf dem Geburtstag deiner Oma. Zu Beginn testen wir mal den Kuchen. Zuerst der Krümeltest! Hierzu benötigt er seinen Tastsinn …
Knut:	Krümelt den Kuchen auseinander.
Testleitung:	Wie fühlt sich der Kuchen an?
Knut:	Krümelig und etwas trocken.
Testleitung:	Aha, interessant! (notiert etwas auf dem Schreibbrett) Gut, dann Test Nummer zwei: Der Geschmackstest. Jetzt kommen Knuts Geschmacksnerven im Mund zum Einsatz!
Knut:	(probiert den Kuchen) Hmmm, lecker. Mein Lieblingskuchen von Oma!
Testleitung:	Sehr schön, dann vergeben wir ein „Gut" für den Lieblingskuchen auf Omas Kuchenbuffet! Er hat den Test bestanden! Wenn Sie und ihr auch mal Testerinnen oder Tester werden wollt, dann seid ihr hier und heute genau richtig, denn heute wird alles Mögliche getestet und überprüft! Dazu brauchen wir viele Menschen mit ihren Sinnen und Erfahrungen.

Als Nächstes werden die Stationen vorgestellt.

Aktiv-Zeit

Station: Überprüfen: Auf den ersten Blick
Material:

- 1 Glas
- Wasserfarbe
- etwas Speiseöl
- 1 Löffel/Strohalm

Stationenbeschreibung: Fülle zuerst mit Wasserfarbe gefärbtes Wasser in das Glas und anschließend das Öl. Stelle nun den Löffel oder Strohhalm in das Glas. Schau von der Seite ins Glas. Der Löffel/Strohalm sieht mehrfach geknickt aus? Weißt du, warum? iehe den Löffel/Strohalm wieder heraus. Wie sieht er jetzt aus?

Gesprächsimpuls: Wir überprüfen unsere Umwelt mit unseren Sinnen, etwa mit den Augen. Aber können wir uns immer darauf verlassen, was wir sehen? Der Löffel/Strohhalm sieht geknickt aus, aber wenn du ihn aus dem Glass nimmst, siehst du, dass er es in Wirklichkeit nicht ist. Fallen dir Situationen ein, in denen es zuerst anders aussieht, als es nachher in Wirklichkeit ist? Wann hat es sich gelohnt, den ersten Eindruck zu überprüfen?

Erklärung zum Experiment: Nur durch Lichtstrahlen, die im Auge ankommen, kann unser Auge sehen. Die Lichtstrahlen verbreiten sich in verschiedenen Stoffen (Luft, Wasser, Öl) mit unterschiedlicher Geschwindigkeit. Die Lichtstrahlen sind dadurch nicht mehr gerade, sondern werden gebrochen. Die Lichtbrechung sorgt dafür, dass dein Auge Knicke sieht, die es eigentlich nicht gibt.

Station: Das Gute behalten: Bibelvers-Puzzle

Material:

- 1 Tütchen mit zerschnittenen Bibelversen pro Kind/Familie
- kleine, beschriebene Kärtchen mit einem Stichwort und der Bibelstelle
- Kärtchen oder Blanko-Postkarten zum Aufkleben
- Klebstoff
- ggf. Washi-Tape, Stifte usw.
- Bibeln zum Nachschlagen

Stationenbeschreibung: Hier geht es ums Puzzeln und Knobeln rund um Bibelverse. Die Teilnehmenden dürfen sich ein Tütchen aussuchen. Inhalt des Tütchens ist ein zerschnittener Bibelvers, der etwas über Gott aussagt, z.B.: „Der Herr ist mein Licht und meine Rettung, vor wem sollte ich mich fürchten" (Psalm 27,1 ZB)? Bevor man die Tüte ausgesucht hat, sieht man nur ein Stichwort, z.B. Licht. Die Worte werden in die richtige Reihenfolge gebracht und dann auf ein Kärtchen (blanko, festeres Papier) oder eine Postkarte zum Selbstgestalten aufgeklebt. Wer mag, kann die Karte verzieren (Washi-Tape, Stifte usw.).

Die Karte macht sich gut am Kühlschrank als Erinnerung, dass Gott auf unserer Seite ist und zu uns steht, oder eignet sich natürlich auch gut zum Verschenken.

Mögliche Verse sind:

- Licht (Ps. 27,1)
- Sonne (Ps 84,12)
- Retter (Ps. 18,3)
- Burg (Ps. 22,2; 59, 17)
- Glück (Ps 73,28)
- Zuflucht (Ps 61,4, Ps 91,2)
- Fels (Ps 94,22, Ps 71,3)
- Schild (Ps 18,3)
- Helfer (Ps 144,2)

Gesprächsimpuls: Warum habe ich das Tütchen mit genau dieser Eigenschaft Gottes ausgewählt? Habe ich Gott schon einmal so erlebt? Drückt es vielleicht einen Wunsch aus?

Station: Das Gute: sich freuen – Witze machen

Bezug zum Thema: Sich zu freuen, ist ein Schlüssel zum zufriedenen, erfüllten Leben. Es gibt verschiedene Formen von Freude.

Material:

- Witze

Stationenbeschreibung: Hier werden Witze erzählt, die man selbst bereits kennt oder man wählt einen lustigen Witz aus.

Beispiele:

- Was sagt der große Stift zum kleinen Stift? Wachs-mal-Stift.
- Was hängt an der Wand und gibt allen die Hand? Das Handtuch.

- Warum fahren Elefanten kein Fahrrad?
  Weil sie keinen Daumen zum Klingeln haben.
- Wie nennt man einen digitalen Kuchen?
  Googlehupf.
- Auf welche Straße ist noch niemand gefahren?
  Auf der Milchstraße.
- Treffen sich zwei Mäuse und plaudern.
  Auf einmal fliegt eine Fledermaus vorbei. Da sagt die
  eine Maus zur andern: „Wenn ich groß bin, werde ich
  auch Pilot!"
- Lehrerin: „Tut mir leid Fritzchen, aber mehr als
  eine Fünf kann ich dir in Französisch nicht geben."
  Fritzchen: „Gracias."
- Lehrerin: „Fritzchen, nenne mir ein paar Tiere!"
  Fritzchen fängt an aufzuzählen: „Pferdchen, Eselchen,
  Schweinchen ..." Unterbricht ihn die Lehrerin: „Fritz-
  chen. Lass doch bitte das ‚chen' am Ende weg." Fritz-
  chen. „Okay. Elchhörn, Kanin, Frett!"
- „Wer hat für dich die Hausaufgabe gelöst?", fragt der
  Lehrer streng. „Das weiß ich doch nicht", antwortet
  Fritzchen. „Ich musste gestern Abend früh ins Bett."

Gesprächsimpuls / zum Weiterdenken: Wann hast du das letzte Mal so richtig Freude empfunden? Es gibt es verschiedene Formen von Freude: die lachende Freude über einen guten Witz/Amüsement, zufriedene Freude nach getaner Arbeit, ekstatische Freude, mit-freuen mit dem eigenen Kind/Enkel, freudige Dankbarkeit usw. Spüre der Form von Freude nach, die in deinem Leben gerade zu kurz kommt. Was könntest du tun, dass sich das ändert?

Station: Prüft alles: Ist das (noch) gut?
Material:

- gefärbtes Essen (z.B. mit Lebensmittelfarbe
  gefärbte Milch)
- grüner Rührkuchen
- Jelly Beans (mit Zahnpasta-Geschmack usw.)
- 1 Augenbinde

Stationenbeschreibung: Das Essen wird einzeln mit verschiedenen Sinnen (riechen, fühlen, sehen, dann erst schmecken) getestet.

Gesprächsimpuls: Wie war das für euch? Womit prüft ihr die Welt um euch herum? Prüfen ist prima, aber manchmal kommt man damit an seine Grenzen. Habt ihr das schon mal erlebt?

Station: Mein Lebenshaus
Material:

- 1 Puppenhaus
- Figuren und Einrichtung
- 1 Container/Kiste
- kleine Klebezettel
- Stifte

Stationenbeschreibung: Unser Leben ist wie ein Haus. Wir richten uns darin ein und füllen die Räume mit nützlichen und schönen Dingen und Angewohnheiten, aber es sammelt sich auch viel an. Zeit, aufzuräumen und zu überlegen: Was soll in meinem Lebenshaus Platz haben? Und was muss raus, weil es belastet und nicht guttut?

Schreibt auf die Zettel, was ihr unbedingt in eurem Lebenshaus dabeihaben wollt und richtet mit den Gegenständen und Figuren die Zimmer ein.

Was sollte raus? Schreibt es auch auf die Zettel oder nehmt euch eine Figur oder Gegenstand und legt ihn in den Container / die Kiste.

Gesprächsimpuls: Welche Tätigkeiten und Gedanken bestimmen euer Leben? Was davon ist gut und wertvoll und sollte bleiben? Was belastet euch, nimmt viel Energie und Zeit in Anspruch und ist doch nicht gut? Was muss raus?

Könnte folgender Satz aus der Bibel ein Einrichtungshinweis sein: „Alles ist mir erlaubt, aber nicht alles dient zum Guten. Alles ist mir erlaubt, aber nichts soll Macht haben über mich" (1. Kor 6,12 Lu)? Was und wer hat Macht über euch und bestimmt euer Leben?

Station: Approved – Segenszeit
Material:

- 1 Stempel mit Motiv „Herz" oder Text „Du bist geliebt"
- 1 Stempelkissen
- Segenskarten

Stationsbeschreibung: Ständig geht es ums Testen und Prüfen. Gott hat uns auch geprüft, aber sein Testurteil steht fest: „Du bist mein geliebtes Kind!" Du bist geprüft und für gut befunden. An dieser Station bekommen die Teilnehmenden Gottes gute Worte über sich ausgesprochen und einen Stempel auf die Hand mit den Worten: „Du bekommst Gottes Gütesigel. Du bist sein geliebtes Kind."

Gesprächsimpuls: Darf ich dich segnen? Für welche Fragen und Situationen wünschst du dir Gottes Segen und seine Kraft?

Station: Gutes behalten: ein Mobile basteln
Material:

- Quetschperlen
- 1 Zange
- ausgeschnittene/ausgestanzte Kreise
- Bibelverse
- ggf. Kärtchen zum Beschreiben
- Murmeln
- Draht (ca. 50 cm lang pro Kind)

Stationenbeschreibung: Hier entsteht ein Mobile, das zu Hause an einem Platz aufgehängt werden kann, an dem man öfter vorbeikommt.

An das Ende des Drahts wickelt man eine Murmel zur Beschwerung. Dann folgt die Auswahl der ausgestanzten Papiere und Kärtchen mit einem Bibelvers. Zur Befestigung der Papiere immer zuerst eine Quetschperle auffädeln, dann an gewünschter Stelle platzieren und mit der Zange plattdrücken, sodass die Quetschperle nicht mehr verrutscht. Als nächstes das Papier auffädeln und dann nochmals eine Quetschperle zur Fixierung anbringen.

Station: Was Gutes draus machen: Limonade machen
Material:

- Zitronen
- Schneidebretter
- 1 Saftpresse
- 1 Zitronenreibe
- mehrere Messer
- Zucker
- Mineralwasser
- 1 Becher pro Kind
- Teelöffel
- ggf. frische Minze und Eiswürfel

Stationenbeschreibung: „Manchmal gibt uns das Leben Zitronen ... dann mach Limonade daraus!" Wir sind nicht immer auf der Gewinnerseite. Es gibt Dinge, die sind anstrengend und schwierig. Klar lässt sich nicht alles durch eine andere Einstellung ändern, aber manchmal geht es auch darum, die Schwierigkeiten des Lebens zu umarmen! Auf geht's: Zitronen-Limonade machen!

Nimm eine gewaschene Zitrone und reibe davon die Schale fein ab. Streue eine kleine Prise davon in deinen Becher. Schneide die Zitrone in der Mitte durch. Presse den Saft aus und schütte davon 2 Teelöffel voll in deinen Becher. Gieße Mineralwasser bis zur Hälfte in den Becher. Füge etwas Zucker hinzu und rühre um. Genieße deine Limonade vielleicht sogar mit einem Blatt Minze und einen Eiswürfel und unterhalte dich mit den anderen über deine „Zitronen" im Leben.

Station: Liegst du richtig? Prüfe alles! – Eine Challenge

Der Fokus liegt bei dieser Station darauf, richtig zu liegen.

Material:

* 1 verschlossenes Glas mit Bohnen
* Esslöffel
* 2 Seile

Stationenbeschreibung: Immer zwei Personen treten gegeneinander an. Ziel ist es, möglichst genau die richtige Zahl zu schätzen.

Aufgabe 1: Bohnenanzahl in Glas schätzen, die Bohnen können nicht gezählt werden. Mithilfe des Löffels können aber Bohnen abgeschöpft werden und so die Anzahl grob überschlagen werden

Aufgabe 2: Wie viele Länder auf der ganzen Welt haben keinen Meerzugang / liegen nicht am Meer? (Lösung: es sind 40 Länder; ganz besonders hervor stechen zwei Staaten: Lichtenstein und Usbekistan, denn wer von diesen Ländern aus ans Meer will, muss sogar 2 Ländergrenzen überqueren.)

Aufgabe 3: Seilspringen: Wie viele Sprünge schaffst du in einer Minute? Selbsteinschätzung vor dem Start abfragen.

Station: Hier kann viel Gutes rein: Tasche mit Kartoffelstempel verzieren

Material:

* 1 Jutetasche (unbedruckt) pro Kind
* Stoffmalfarbe
* Pinsel
* Kartoffeln
* Messer
* Brettchen
* Pappe (in der Größe der Tasche)

Die Pappe in die Tasche schieben, damit die Farbe nicht durchdruckt. Die Kartoffeln halbieren und mit dem Messer eine Stempelform ausschneiden. Bei kleineren Kindern kann auch ein einfacher Plätzchen-Ausstecher für die Form benutzt werden. Stoffmalfarbe mit Pinseln auf die Kartoffel-Stempel auftragen und auf die Tasche stempeln. Trocknen lassen.

Gesprächsimpuls: Welche Aktivität tut mir gut? Wobei schöpfe ich neue Kraft?

Station: Das Gute ist – Gott sorgt für uns!

Themenbezug: Mit dem „Guten" ist hier gemeint, dass wir uns keine Sorgen machen, sondern uns stattdessen auf das Gute und Schöne konzentrieren.

Es ist gut, wenn wir uns auf das Gute und Schöne konzentrieren, z.B. auf die Schönheit der Natur. Diesen Rat gibt uns auch Jesus, wenn er sagt: „Seht euch die Lilien auf dem Feld an und lernt von ihnen! Sie wachsen, ohne sich abzumühen und ohne zu spinnen und zu weben" (Mt 6,28 NGÜ).

Material:

- (Trocken-)Blumen
- Draht
- 1 Zange
- Metallkränze

Stationenbeschreibung: Die Teilnehmenden binden mit den (Trocken-)Blumen einen kleinen Kranz. Mit dem Draht werden die Blumen einzeln an dem Metallkranz befestigt.

Gesprächsimpuls: Was ist an deiner Nebensitzerin / deinem Nebensitzer gut und schön und bewundernswert? Was findest du an dir selbst so richtig gut?

Station: Fitness-Workout: Fokus auf Jesus
Material:

- ggf. Sportkleidung als Verkleidung

Stationenbeschreibung: Eine Mitarbeiterin/ein Mitarbeiter macht die Moves vor und erzählt dazu die Geschichte. Es empfiehlt sich, immer zu warten, bis eine größere Gruppe von Teilnehmenden zusammengekommen ist und dann gemeinsam zu starten.

„Herzlich Willkommen bei meinem Fitness-Workout! Schön, dass ihr dabei seid! Wir machen uns erstmal warm und beginnen mit einem Sidestep. (Mit dem linken Fuß nach außen treten, den rechten nachziehen und tippen, dann auf der rechten Seite wiederholen.)

Heute sind wir unterwegs mit den Jüngern. Jesus hat sie mit dem Boot schon mal losgeschickt, er selbst ist auf einen Berg gewandert. Dort will er noch beten und Zeit mit seinem Vater im Himmel verbringen.

Move 1 (Gebetsposition): Hände auf Brusthöhe, Handflächen flach aufeinander, drei tiefe Atemzüge

Weiter geht's: Die Jünger sind also allein auf dem See. Da zieht ein Sturm auf und es gibt Wellen und es ist Donnergrollen zu hören.

Move 2 (Wellen): abwechselnd mit den Armen Wellen nachahmen und dazu grummeln

Die Jünger kriegen Angst und fragen sich: Wo ist Jesus? Wo steckt er nur?

Move 3 (suchender Blick): Hand an Stirn, Oberkörper leicht vorbeugend, abwechselnd nach rechts und links beugen

Und da ist er auch schon: Jesus kommt zu den Jüngern über das Wasser gelaufen, alle schauen ungläubig. Kann das sein? Jesus sagt zu ihnen: ‚Habt keine Angst! Ich bin für euch da!' Petrus ruft: ‚Jesus, lass mich zu dir übers Wasser laufen!'

Move 4 (Rufen): Hände als Trichter an Mund: ‚Jesus, ich will zu dir!'

Und Jesus sagt: ‚Komm!' Petrus steigt über den Bootsrand schaut Jesus an und geht los!

Move 5 (Fokus auf Jesus): einmal klatschen, Zeigefinger und Ringfinger zeigen zuerst auf die eigenen Augen, dann nach vorn Richtung Jesus

Und tatsächlich, mit einem Riesensmiley-Gesicht geht Petrus Schritte auf Jesus zu. Aber dann kommen ihm plötzlich Zweifel, er schaut auf die Wellen.

Move 6 (untergehen): blubblubblub, langsam in die Hocke gehen

Petrus geht unter. Er schreit: ‚Hilf mir, Jesus!' Da geht Jesus auf Petrus zu und zieht ihn aus dem Wasser.

Move 7 (aus dem Wasser ziehen): mit beiden Händen, als ob man an einem Seil zieht, zieht man Petrus aus dem Wasser, Bewegung dreimal wiederholen, dazu ‚oooh Hopp!' rufen

Puuhh! Zum Glück hat Jesus Petrus aus den Wellen gezogen! Jetzt schaut Petrus Jesus voller Dankbarkeit an, Jesus ist für ihn da! Und Jesus ist auch für uns da, ihr Lieben! Deshalb: Wenn die Wellen des Lebens über dir zusammenschlagen, dir das Wasser bis zum Hals steht, dann:

Move 8 (Fokus auf Jesus): einmal klatschen und Zeigefinger in die Luft

Schau zu Jesus!
Jetzt sind wir schon am Ende unserer Session angelangt! Schön, dass ihr dabei wart! Wenn es euch gefallen hat, dann abonniert doch meinen Kanal und lasst mir ein „Daumen hoch' da! Und nicht vergessen: Fokus auf Jesus!"

Feier-Zeit: Theaterstück II

2. Szene: Im Testlabor

Testleitung:	Willkommen zurück in unserem Testlabor. Wir kommen zu unserem zweiten Test. Wir von Stiftung Lebenstest testen ja alles. Nicht nur Kuchen, sondern auch die ganze Geburtstagsfeier deiner Oma! Deshalb kommen wir jetzt zum Stimmungstest. Wie war die Stimmung auf Omas Geburtstag? Wir schauen uns dazu eine kleine Szene von Omas Geburtstag an.

3. Szene: Auf dem Geburtstag

	Zwei Personen auf Omas Geburtstag unterhalten sich.
Person 1:	Na, wie geht es denn dem kleinen Knut?
Person 2:	Na ja, er ist eben noch sehr klein! Er kann das noch nicht!
Person 1:	Spielt er schon Fußball?

Person 2:	Da ist er noch zu klein. Das kann er noch nicht!
Person 1:	Geht er allein zur Schule?
Person 2:	Da ist er noch zu klein. Das kann er noch nicht!
Person 1:	Hat er schon bei einer Freundin oder einem Freund übernachtet?
Person 2:	Da ist er noch zu klein. Das kann er noch nicht!

4. Szene: Zurück im Testlabor

Testleitung:	Nun testen wir deine Stimmung! Ein Krümeltest geht hier wohl nicht. Aber ich denke, der Geschmackstest lässt sich gut durchführen. Wie schmeckt dir das Gespräch?
Knut:	Das schmeckt leider nicht gut. Ich fühle mich klein. Niemand traut mir zu, dass ich auch was kann.
Testleitung:	Aha (schreibt wieder etwas auf seine Schreibunterlage). Ja, dann fällt dieses Gespräch wohl durch: Note „mangelhaft"! Danke, Knut, dass du mit mir Oma Käthes Geburtstagsfeier getestet hast!

Impuls

Alles lässt sich testen! Und ganz oft testen wir auch unbewusst. Beim Essen schmecken wir, ob wir es mögen oder nicht. Das geht ganz schnell und von selbst. Aber es gibt auch solche Sätze wie bei Knut. „Du bist zu klein!" „Du kannst das nicht!" Sätze, die nicht gut sind, aber manchmal schmecken wir das nicht gleich. Es könnte ja auch stimmen. Vielleicht ist ja was Wahres dran?

Solche Sätze halten uns klein. Sie sind nicht gut. Wer vorhin bei der Segensstation war, hat einen Stempel bekommen. Ein Gütesigel Gottes. Gott kennt uns und wir bekommen von ihm das Testurteil „sehr gut. Ich habe dich lieb, für mich bist du wunderbar und einzigartig!" Hätte das mal jemand zu Knut gesagt. Das ändert doch alles.

Es gibt natürlich auch Dinge im Leben, die nicht so gut laufen. Da lebe ich so, wie Gott es sich nicht vorstellt. Da mache ich anderen das Leben schwer, weil ich vielleicht gerade solche Sätze über und zu anderen sage. Dann sollten wir das auch prüfen: Verhalte ich mich so, dass andere klein bleiben oder bestärke ich andere und zeige ihnen, dass auch sie das Testurteil „wunderbar" bekommen haben? So kann aus eigentlich schlechten Erfahrungen auch etwas Gutes werden.

Segen

Wir stellen uns vor: Gott ist die Sonne, die uns warm bescheint. Wir breiten die Arme aus und stehen so vor Gott.

Gott, des Himmels und der Erde, sei du meine Sonne, gib du mir Wärme, Licht und Freude in mein Leben! Gott, lass du dein Licht leuchten durch mich, lass mich Gutes tun. Danke, dass du mir helfen wirst. Amen

Liedvorschläge

- Oceans (Das Liederbuch 2, Nr. 101)
- Lege deine Sorgen nieder (Das Liederbuch 2, Nr. 53)
- Meine Hoffnung und meine Freude (Das Liederbuch, Nr. 10)

SIMONE UND TOBIAS SCHREIBER

1. Thessalonicher 5,21

Die Guten ins Kröpfchen ...

Entwurf über zwei Gruppenstunden für Teens von 10 bis 13 Jahren

Stundenentwurf

Zwei Entwürfe, zwei Aspekte der Jahreslosung. Die Kinder sollen an die Hand genommen werden, die Haltung, die in der Losung steckt, zu bedenken und zu entwickeln.

Genau genommen ist es im Märchen gerade umgekehrt: Aschenputtel muss für ihre bösen Stiefschwestern Erbsen sortieren. Die schlechten darf sie behalten, die guten Erbsen hat sie abzuliefern. Die Jahreslosung dreht dieses Prinzip um: Was kann und was darf ich für mich behalten? Was dient dem Leben?

Was dient dem Leben?

Hintergrund dieser beiden Entwürfe ist die Jungbläserschulung in Michelbach. Am Anfang des Jahres beschäftigen sich Jungbläser in unterschiedlichen Altersgruppen mit der Jahreslosung: Zwei Entwürfe, zwei Aspekte der Jahreslosung. Die Kinder sollen an die Hand genommen werden, die Haltung, die in der Losung steckt, zu bedenken und zu entwickeln.

1. Einheit: Die Welt – wie sie wohl ist?

Das griechische Wort, das die Jahreslosung mit „prüfen" übersetzt, kann auch mit „versuchen, untersuchen, unterscheiden, erproben" übersetzt werden. In diesem Wort steckt auch das forschende Untersuchen von Dingen. Kinder forschen für ihr Leben gern. Dies soll in der ersten Runde seinen Platz haben. Spielerisch werden Entdeckungen gemacht, die alle Sinne miteinbeziehen.

Ergänzend dazu hören sie die Geschichte eines Forschers (Gregor Mendel) und lernen etwas über seine Entdeckung. Das „Gute", das er entdeckt hat, wurde erst Jahre später erkannt und umgesetzt. Die Geschichte Mendels soll Kinder dazu ermutigen, ihrem Drang, die Welt zu erkunden, nachzugehen.

Welche Grenzen hat menschliches Prüfen und Erforschen?

In einem dritten Teil sollen die Kinder sich Gedanken machen: Welche Grenzen hat menschliches Prüfen und Erforschen? Im Mittelpunkt steht der Auftrag, den Gott dem Menschen bei der Schöpfung gibt.

Einleitung

Die Jahreslosung liegt auf dem Boden (z.B. auf ein Plakat geschrieben) – ebenso liegen Gegenstände auf dem Boden, die für die naturwissenschaftlichen Experimente benötigt werden.

„Das Wort in der ursprünglichen griechischen Bibel für „prüfen" kann auch mit „versuchen, untersuchen, unterscheiden, erproben" übersetzt werden. Es steckt da etwas drin von dem Auftrag, den Gott den Menschen von Anfang an gibt: ‚Erforscht und begreift diese Welt und alles, was in ihr ist.'

Darum soll es heute in unserer Runde gehen. Wir werden heute alle miteinander zu Forscherinnen und Forschern."

Eine Nachfrage nach besonderen Talenten in der Runde könnte sich lohnen, sie werden bei der Erklärung der Phänomene helfen.

Beispiele für Experimente

Teebeutel-Rakete[6]
Kann Tee fliegen? Dieses Experiment beweist: Ja, das geht! Zumindest ein wenig. Es begeistert jüngere und ältere Kinder gleichermaßen. Viel Spaß beim Ausprobieren!

Material:

- 1 Teebeutel
- 1 Feuerzeug
- 1 Schere
- 1 Backblech

Als erstes entfernt ihr die Klammer und den Faden vom Teebeutel und schüttet den Tee aus dem Beutelchen heraus – vielleicht könnt ihr ihn direkt mit heißem Wasser aufgießen. Dann faltet ihr den Teebeutel auseinander und formt daraus ein langes, aufrechtstehendes Röhrchen. Das ist eure Rakete! Stellt das Röhrchen sicherheitshalber auf ein Backblech auf dem Fußboden. Danach zündet ihr es ganz oben an ... und dann – kurz, bevor es vollständig heruntergebrannt ist – schwebt eure Rakete nach oben.

Hinweis: Nicht alle Teebeutel „zünden" gleich gut. Probiert daher verschiedene Tee-Sorten aus. Ihr könnt ja auch einen Sorten-Wettbewerb daraus machen. Unser Tipp: Kings Crown (Eigenmarke von Rossmann)!

Pepsi-Vulkan
Material:

- 1,5 Liter Pepsi Light
- 1 Stück Papier
- Mentos-Kaubonbons

---

6 Nach www.familie.de/kleinkind/kinderspiele/experimente-fuer-kinder-ideen-mit-wow-effekt.

Aus Papier rollt ihr ein Röhrchen mit dem Durchmesser der Flaschenöffnung. Befüllt das Röhrchen mit Mentos-Kaubonbons, sodass alle Bonbons gerade aufeinander liegen. Haltet das gefüllte Röhrchen über die Flaschenöffnung und lasst die Bonbons in einem Rutsch in die Flasche fallen – und dann: wegrennen!! Der Inhalt schießt innerhalb von wenigen Sekunden in die Höhe!

Hinweis: Pepsi Light funktioniert am besten – es macht die höchste Fontäne. Genauso wichtig ist, dass ihr die Mentos-Kaubonbons mit der Papier-Röhrchen-Methode in die Flasche gebt. Nur so gelingt euch die perfekte Fontäne!

Tanzende Weinbeeren[7]
Material:

- 1 Glas
- 1 Handvoll Trauben
- etwas Sprite

Befüllt ein Glas mit Sprite und lasst nach und nach einige Trauben in das Glas plumpsen. Die Trauben fangen an, im Sprite zu tanzen.

 Noch weitere tolle Experiment-Ideen findet ihr, wenn ihr diesen QR-Code scannt scannt, oder unter https://www.familie.de/kleinkind/kinderspiele/experimente-fuer-kinder-ideen-mit-wow-effekt/

Die Geschichte von Gregor Mendel
Gemeinsam werden die Erklärungen für die Experimente gefunden: „Viele Forscherinnen und Forscher haben mit ihrer Entdeckungsreise damit begonnen, weil sie über eine Sache ins Staunen gekommen sind. Die Frage nach dem Warum hat sie zu Forschenden gemacht."

---

7 Nach: www.wireltern.ch/artikel/spannende-experimente-0820.

Von einem solchen Forscher wollen wir euch heute erzählen. Dieser Mann hieß Gregor Mendel und wurde vor 200 Jahren in Mähren geboren. Sein Vater war Obstbauer. Gregor half seinem Vater nicht nur beim Bäume-Schneiden und beim Ernten. Ganz besonderes Interesse zeigte er, wenn sein Vater die Bäume veredelte. Man hat damals Zweige besserer Sorten in Bäume mit gesunden Stämmen eingepfropft, um wertvollere Früchte zu erhalten. Sehr früh beschäftigte Gregor Mendel die Frage: „Warum gibt es Bäume einer Art und doch so viele unterschiedliche Sorten? Wie kommen sie zustande?" Diese Frage hat Gregor Mendel ein Leben lang begleitet.

Gregors Schwester Theresia sorgte dafür, dass er die Schule schaffte. Sie war es auch, die auf ihr Erbe verzichtete, damit Gregor studieren konnte. Für sein Studium musste er oft hungern und konnte darum sein Studium nicht abschließen.

Sein Physiklehrer riet ihm mit 22 Jahren, ins Kloster einzutreten, um sein Studium fortsetzen zu können. Neben der Theologie studierte er auch die Zucht von Obstbäumen und Weinbau. Jetzt konnte er an den Fragen seiner Kindheit weiterdenken: Er beschäftigte sich mit dem Kreuzen von Obstbaumsorten.

Im Garten des Klosters galt sein besonderes Interesse den Erbsen. Er legte eine Unterscheidung von Merkmalen fest: Blütenfarbe, Farbe und Form der Samen und der Schoten und noch fünf weitere. Und er erforschte, was passiert, wenn man unterschiedliche Erbsen kreuzt.

Im Garten des Klosters richtete er ein Versuchslabor ein und forschte. Mit 44 Jahren veröffentlichte er seine Forschungsergebnisse. Im Jahre 1866 interessierte sich noch niemand dafür. Erst nach seinem Tod viele Jahrzehnte später wurde der Wert seiner Entdeckungen bekannt. 1909 wurde der Begriff „Gen" für die „Mendel'schen Merkmale" eingeführt. 100 Jahre nach Mendels Tod wurde die chemische Natur des Gens, die dann, nachgewiesen. Heute gilt Gregor Mendel als Vater der Genetik.

Abschluss: Visualisierung von 1. Mose 1,28
Gott segnete sie und sprach zu ihnen: ‚Seid fruchtbar und vermehrt euch! Bevölkert die Erde und nehmt sie in Besitz! Herrscht über die Fische im Meer und die Vögel am Himmel und über alle Tiere, die auf dem Boden kriechen' (1. Mose 1,28 BB)!

„Ganz am Anfang der Bibel finden wir das Erforschen der Welt. Gott hat den Menschen den Auftrag gegeben, zu forschen und zu prüfen; mehr noch, sein Auftrag lautet: ‚Herrscht über diese Welt.' Wer forscht und herrscht, übernimmt auch Verantwortung. Zum Schluss unseres Treffens würden wir gern noch mit euch ins Gespräch kommen. Gibt es auch Grenzen des Forschens und des Herrschens über die Welt?"

Ein möglicher Gesprächseinstieg: „Um darüber nachzudenken, eine kurze Geschichte: Max steht am Fenster. Er sieht nach draußen, drückt seine Nase platt. Da hört er ein lautes Summen, immer wieder stößt eine Wespe gegen die Fensterscheibe: Bumm ... Bumm. Max beobachtet die Wespe. Ein Gruseln geht über seinen Rücken. Wenn die jetzt zusticht. Auf dem Fenstersims liegt eine Schere. Max stellt sich die Frage: Kann die Wespe noch fliegen, wenn man sie zerschneidet?"

Gespräch über den Herrschaftsauftrag aus dem Schöpfungsbericht.

Fazit: „Das Herrschen und das Erforschen dieser Welt ist längst zu einer Gefahr geworden. Nicht erst seit dem Klimawandel wissen wir, wie sehr die Menschen diese Welt gefährden. Darum ist es so wichtig, zu fragen, was ist das Gute, das bei allem Forschen und Herrschen herauskommen soll? Max hat sich genau das gefragt und hat die Wespe nicht zerschnitten."

2. Einheit: Die Guten ins Kröpfchen – Was andere über mich denken und sagen

Zusammensein mit anderen fordert heraus. Kinder erleben es jeden Tag in der Schule. Viele Botschaften von anderen prasseln auf sie ein. Immer wieder gilt es, die Botschaften anderer zu überprüfen. Die zweite Einheit soll dazu dienen, gemeinsam darüber nachzudenken: Wie kann ich mit Lob, Bitten, Sarkasmus, Häme, Hintergedanken usw. umgehen. Was will ich annehmen und wo signalisiere ich: „Stopp!"? Wie kann eine angemessene Reaktion aussehen?

Gute Freundinnen und Freunde können sich dabei helfen, Reaktionen dritter richtig einzuschätzen. In der biblischen Geschichte aus 1. Samuel hören wir davon. David und sein Freund Jonatan überprüfen die Einladung eines Gegenspielers. Wie ist sie gemeint: gut oder böse?

In zwei Runden lernen die Kinder spielerisch mit lustigen, lobenden, herausfordernden, provozierenden und auch drohenden Bemerkungen umzugehen.

Einleitung

Wieder liegt in der Mitte die Jahreslosung. Um die Jahreslosung werden die Karten mit den Gesichtsausdrücken gelegt (s. Downloadbereich).

„Kannst du einschätzen, wie andere es wirklich meinen, wenn sie etwas zu dir sagen? ‚Du hast heute eine schöne Frisur!' Dieser Satz kann sehr unterschiedlich gemeint sein und nicht immer ist der Gesichtsausdruck deines Gegenübers so eindeutig wie bei diesen Emojis.

Material:

- Karten mit Gesichtsausdrücken (s. Downloadbereich)
- Karten mit Aussagen (s. Downloadbereich)
- Schreibkarten
- Stifte

In zwei Runden lernen die Kinder spielerisch mit lustigen, lobenden, herausfordernden, provozierenden und auch drohenden Bemerkungen umzugehen.

Fragst du dich: „Meint die Person das wirklich ernst?" Oder sagst du dir: „Endlich erkennt jemand meinen Superstyle!" Wie gehe ich mit Aussagen anderer um? Kann man das prüfen? Was kann ich annehmen und was stimmt ganz und gar nicht?

In der folgenden Geschichte geht es um eine Einladung. Die Frage ist: Wie ist sie gemeint? Hat der Gastgeber Freude daran, mich bei seinem Fest dabei zu haben, oder ist das eine Falle?

Ein guter Freund hilft zu verstehen – Erzählgeschichte aus 1. Samuel 20

David war voller Unruhe. Vor ihm lag die Einladung des Königs Saul zum Neumondfest. Drei Tage sollte es dauern. Und er, David, sollte am Tisch des Königs sitzen. „Wie soll ich das verstehen?", fragte er sich. „Saul ist doch mein Feind." Als wäre es gestern gewesen, sah er ihn – den König Saul – vor sich stehen mit zornrotem Gesicht. Blitzschnell musste David ausweichen, als Saul seinen Speer nach ihm warf. Wäre er damals nicht geflohen, er würde heute nicht mehr leben.

Und nun lag sie da, diese Einladung. David hatte viel Angst.

„Was habe ich getan? Was ist meine Schuld? Ich habe nie verstanden, was dein Vater gegen mich hat, und jetzt kommt diese Einladung. Wie soll ich das verstehen?" David war froh, den Sohn des Königs zum Freund zu haben. Jonatan war einfach da, wenn er ihn brauchte. Gemeinsam berieten sie, wie David sich verhalten sollte, denn die Einladung eines Königs schlägt man nicht so einfach aus. „Kann es sein, dass dein Vater es gut mit mir meint und sich mit mir versöhnen will, oder ist das eine böse Falle?"

Jonatan kannte seinen Vater, er konnte so liebevoll und lustig sein. Doch er konnte auch von einem Moment auf den anderen jähzornig werden; so sehr, dass alle, die in seiner Nähe waren, große Angst bekamen.

So sehr Jonatan seinen Vater auch schätzte, noch mehr mochte er seinen Freund David. Nie würde er ihn seinem Vater ans Messer liefern. Und so heckten die beiden einen Plan aus:

David sollte nicht gleich zu Beginn zum Fest erscheinen; vielmehr würde er sich in der Nähe verstecken. Wenn dann Saul das Wegbleiben Davids bemerken sollte und er seinen Sohn nach ihm fragte, würde die Antwort Jonatans lauten: „David musste in seine Heimatstadt bei seiner Familie zu einem Opferfest. Er wird aber noch zum Neumondfest erscheinen."

Sollte sein Vater Saul diese Entschuldigung akzeptieren, wäre klar: David kann zum Fest kommen. Bekäme Saul einen Wutausbruch, dann stünde fest: Saul meint es böse mit David.

Genauso kam es auch: David erschien nicht zum Fest und als Saul sein Wegbleiben bemerkte, konnte keine Entschuldigung ihn beruhigen. Sein Jähzorn war unermesslich.

Weil aber nun Jonatan es nicht riskieren sollte, vom Fest wegzugehen und David direkt zu treffen, hatten sie zuvor eine List ausgedacht: Die Nachricht, zu kommen oder wegzubleiben, sollte mit einem geheimen Zeichen versehen werden. Jonatan, der Königssohn, sollte zum Bogenschießen auf die Wiese in die Nähe von Davids Versteck gehen. Sein Pfeilträger sollte nach den abgeschossenen Pfeilen schauen und Jonatan ihm hinterherrufen.

Als Jonatan nun auf die Wiese ging und den Pfeil abschoss, rief er seinem Pfeilträger ganz laut hinterher: „Der Pfeil liegt da vorn, er zeigt von mir weg!" Das war das ausgemachte Zeichen für David Jetzt wusste er, was er von der Einladung Sauls halten sollte. Hätte Jonatan gerufen: „Der Peil zeigt zu mir her!", wäre er beim Fest willkommen gewesen. David musste fliehen. So rettete Jonatan das Leben seines besten Freundes.

Überleitung

„Es ist gut, wenn man eine gute Freundin / einen guten Freund hat, der/dem man vertrauen kann, die/der dabei hilft, die Dinge besser zu verstehen. Oftmals haben wir niemanden, der uns beim Unterscheiden hilft, und wir müssen selbst herausfinden, was andere sagen und wie sie es meinen. Manchmal ist es ja auch eine Bosheit, die ich erst viel später bemerke. Dann ärgere ich mich darüber, dass ich nicht schnell genug einen guten Spruch auf den Lippen hatte."

Spielrunde 1

„Das Spiel, das wir jetzt spielen, könnte den Titel tragen: ‚Prüfe, und das Gute behalte!' Ich lese gleich verschiedene Aussagen vor (s. Downloadbereich). Stell dir vor, du hörst diese Worte von deinem Gegenüber. Du reagierst spontan darauf mit einer von drei Handbewegungen:

Erhobene Hände stehen für ‚Stopp! Das lasse ich mir nicht sagen, ich weise das zurück!'

Eine Wellenbewegung mit den Händen bedeutet: ‚Ich weiß nicht so recht.'

Die Hände zur Schale geformt bedeuten: ‚Das nehme ich gern entgegen'"

Bei sehr unterschiedlichen Reaktionen lohnt es sich, genauer nachzuhaken.

Spielrunde 2

Das nächste Spiel könnte heißen: „Prüfe und mach was Gutes draus!"

Die Kinder bilden Paare und bekommen die Aussagekarten ausgeteilt. Jedes Paar bekommt je nach Anzahl 2–4 Karten. Auch Dreiergruppen sind möglich.

„Wie oft passiert es, dass irgendjemand etwas zu dir sagt, was dich verletzt. Erst erschrickst du innerlich, bleibst aber stumm, und erst später kommt dir die passende Erwiderung in den Sinn.

Wir üben mit dem nächsten Spiel deine Schlagfertigkeit, denn wenn ich gut reagiere, kann aus der blödesten Anmache etwas Gutes werden.

Ihr bekommt nun die Aussagen von vorhin ausgeteilt. Jede Gruppe überlegt sich eine gute, coole, witzige Antwort auf diese Aussagen. Ihr heckt sie miteinander aus und stellt sie dann in der Runde vor. Wichtige Regel: Die Antwort darf nicht verletzend sein!"

Vorstellungsrunde: „Legt die Sätze auf den Boden, danach eure Antworten und wählt das passende Gesicht (s. Einleitung) zu eurer Antwort aus."

Das Spiel könnte an Dynamik gewinnen, wenn man die cleverste, die mutigste und die witzigste Antwort prämiert.

Schlussimpuls

Unter manchen Kinder-Gruppen hat sich ein alter Liedschlager neu etabliert, dieser würde gut zum Thema passen: „Sei ein lebendger Fisch" (Einfach spitze, Nr. 34).

„Ihr alle kennt das Sprichwort: ‚Was du nicht willst, das man dir tut, das füg auch keinem andern zu!' Das ist eine Regel, die ihren Ursprung bei Jesus hat. Jesus hat es nur umgekehrt gesagt: Alles, was ihr wollt, dass euch die Menschen tun, das tut auch ihr ihnen ebenso. Das heißt im Klartext: Geht in Vorleistung mit dem Gut-Sein. Dazu kann das Prüfen dienen, dass ich ganz bewusst Dinge, die andere Menschen aus Boshaftigkeit tun und sagen, umkehre und etwas Gutes draus mache. Jesus sagt: Wenn ihr es so macht, liegt Segen darauf und ich sage euch, ihr werdet in den meisten Fällen auch als Siegerinnen und Sieger hervorgehen.

Geht in Vorleistung mit dem Gut-Sein.

Vielleicht kennt ihr die Zehn Gebote. Eines hat mit dem Sprechen zu tun. Es ist das achte: ‚Du sollst nichts Falsches über deinen Nächsten sagen' (2. Mose 20,16 BB). Manche verkürzen dieses Gebot und sagen: ‚Du sollst nicht lügen!' Doch in dem Gebot steckt mehr drin: Wir sollen mit allem, was wir sagen, anderen keinen Schaden zufügen.

Martin Luther hat das Gebot so erklärt: Wir sollen Gott fürchten und lieben, dass wir unsern Nächsten nicht belügen, verraten, verleumden oder seinen Ruf zerstören, sondern sollen ihn entschuldigen, Gutes von ihm reden und alles zum Besten kehren.[8]

Wir wissen alle, dass diese Regel nicht leicht einzuhalten ist. Wie schnell kann es passieren, dass ich mit meinen Worten Übles anrichte. Das Schönste an der Erklärung ist der Schluss. Dort heißt es: Wir sollen gut von anderen reden und alles zum Besten kehren. Von der Jahreslosung aus gedacht, könnte es bedeuten: ‚Prüfe, was andere zu dir sagen, doch egal, was sie sagen, mach du das Beste draus – mit Witz und Coolness, aber ohne Verletzung.'"

ULI ENDERLE

8 Vgl. www.ekd.de/Kleiner-Katechismus-11531.htm

Prüf-Ideen zum selbst Mixen

Ideensammlung

Programmbausteine

Die Jahreslosung nimmt die Kinder hinein in ihren kindlichen Horizont vom Entdecken, Ausprobieren und Erkunden. Prüfen, testen und checken zielt auf und in ihre kindliche Entdeckerfreude. Wahrscheinlich sind deshalb Formate wie „Willi wills wissen" oder die ganzen Checker-Formate „Checker Tobi / Julian / Marina / Can" deshalb so erfolgreich. Neben den wöchentlichen Folgen gibt es sogar Filme in Spielfilmlänge, die Kinder in ferne Länder mitnehmen.

Mit unserer Jahreslosung können wir daran gut andocken. Deshalb hier zwei Ideen zum eigenständigen Weiterdenken und Weiterentwickeln:

Idee 1: Prüf-Schnitzeljagd

Anhand des Themas kann eine klassische Schnitzeljagd entworfen werden. An jeder Weggabelung müssen die Kinder eine Frage beantworten. Zwei Antworten sind vorgegeben (A oder B – die Fragen und Antworten müssen vorbereitet werden). Je nach Ergebnis nehmen sie entweder den Weg A oder B. Es ist immer nur eine Antwort richtig. Der andere Weg endet nach ca. 100 Metern mit der richtigen Antwort und der Bitte, zurückzugehen, um dann dem anderen – dem richtigen Weg – zu folgen.

Idee 2: Stationenlauf

Das Thema „Prüfen" kann auch super anhand eines Stationenlaufs durchgeführt werden, bei dem an jeder Station eine Aufgabe oder ein Experiment gemacht werden muss. Ein Laufzettel kann den Kindern dabei helfen, den Überblick nicht zu verlieren. Anhand des Zettels können sie eigenständig prüfen und entscheiden, welcher Aufgabe sie sich als nächstes stellen wollen.

Ideensammlung

Nun noch ein paar Ideen, die in beide Aktionen eingebaut werden können. So kann jede und jeder seine individuellen Module zusammenstellen, je nachdem, welches Material gerade zur Verfügung steht.

Puzzle: Aus vielen Einzelteilen entsteht ein Gesamtes. Hier kann ein vorhandenes Puzzle verwendet werden oder auch ein eigenes Puzzle erstellt werden.

Experimente: Verschiedene Experimente (werdet hier ruhig kreativ!) durchführen lassen und anschließend gemeinsam überlegen, welches Ergebnis am ehesten passt.

Spiele: Spiele, bei denen nicht das Gewinnen oder Verlieren im Vordergrund steht, sondern das Miteinander.

Basteln: Es Kann z.B. ein alternatives TÜV®-Logo mit den Buchstaben „PBG" in Anlehnung an „Prüft alles und Behaltet das Gute" gebastelt werden.

Fahrrad prüfen: Die Kinder, die mit dem Fahrrad gekommen sind, können das Fahrrad auf Verkehrssicherheit untersuchen und prüfen. Hierbei sollten allerdings von Mitarbeitenden die Prüf-Kriterien festgelegt werden.

Bibeltext lesen: Den Bibeltext gemeinsam lesen, besprechen und dann überlegen, was jede und jeder für sich behalten möchte: „Was ist das Gute, das ich behalten will?"

Abend-Ritual für zu Hause: Den Tag Revue passieren lassen und überlegen, was „das Beste / das Gute" war. Was hat mir gutgetan? Das Ganze kann in ein Abendgebet bzw. eine Abendliturgie für Kinder eingebettet werden.

Dinge prüfen: Miteinander überlegen, was wir alles prüfen können, z.B.:

- Fahrzeuge
- Luft in verschiedenen Bällen
- Wie lange muss man einen Luftballon aufblasen, bis er platzt? (Kann direkt ausprobiert werden.) Dabei die Zeit stoppen.
- Wetter (Regen, windig, Schnee, Sonnenschein, bewölkt ...)
- Sind Stifte spitz oder stumpf?

Jenga: Mit Jenga-Steinen einen Turm bauen und prüfen, wie lange man Klötze rausnehmen kann, ohne dass er einstürzt.

Labyrinth: Selbst ein Labyrinth zeichnen mit der Vorgabe, dass nur ein Weg zum Ziel führen darf.

Mit Luftballon basteln: Einen Luftballon aufpusten, eine Schnur dranbinden. Auf eine Karte den Bibelvers gestalten, der in der Stunde Thema war. Jede und jeder gibt ihren bzw. seinen Luftballon an ein anderes Kind weiter.

Wörter-Testen: Verschiedene Wort-Spiele ausgeben (Wort-Suchspiel, Kreuzworträtsel, Zahlenreihen ...)

Und jetzt: Viel Spaß beim Ausprobieren!

MARKUS STRAUß

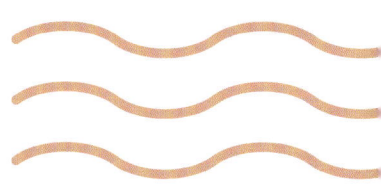

Die Jahreslosung umgesetzt für
JUGENDLICHE

Liebt euch selbst und behaltet das Gute

Mädelszeit gegen das ständige Prüfen

Textbeitrag

Dieser Artikel berichtet aus der Arbeit mit Mädchen in der Jugendkirche Choy in Althengstett. Dort macht Pfarrerin Christiane Lehmann immer wieder die Erfahrung, dass Mädchen einen sehr kritischen und prüfenden Blick auf sich selbst haben. Im Angebot „Mädelszeit" bietet sie jungen Mädchen einen Raum, um sich über ihre Gefühle und Fragen auszutauschen. Allem Hinterfragen und Zweifeln stellt sie dabei die Zusagen Gottes entgegen, die Annahme und Selbstwert geben können.

„Warum hat sie so tolle Locken?" „Wieso kann ich mir nicht so viel merken?" „Warum werden immer nur die anderen von Jungs angesprochen?" „Und warum bin ich überhaupt so wie ich bin?"

„Prüft alles und behaltet das Gute." Die Jahreslosung fordert uns auf, Dinge auf den Prüfstand zu stellen. Auch uns selbst. Das fällt mir persönlich gar nicht so schwer, denn ich bin selbst meine größte Kritikerin. Ist das dann überhaupt ein guter Ratschlag, „alles zu prüfen"? Ich merke, dass es mir manchmal guttun würde, nicht alles an mir zu hinterfragen. Weil mich die ständige Selbstprüfung oft gar nicht weiterbringt, sondern eher frustriert und daran hindert, Dinge anzupacken.

So geht es nicht nur mir, sondern vielen jungen Menschen. Die neuste Trendstudie „Jugend in Deutschland"[9] hat gezeigt, dass bei 14–29-Jährigen Selbstzweifel auf Platz drei der größten Belastungsfaktoren liegen. Nach meinen Erfahrungen aus der Jugendarbeit trifft das besonders auf Teenagerinnen zu.

In der Jugendkirche Choy (Calw) haben wir deshalb das Format „Mädelszeit" gestartet. An einem Sonntagabend im Monat öffnen wir den Raum, Selbstzweifel aufzuspüren und uns gegenseitig zu Selbstliebe bzw. Selbstannahme zu ermutigen. Dabei machen wir uns bewusst, dass Gott uns wunderbar gemacht hat – genau so, wie wir sind. Bei der „Mädelszeit" stehen Themen im Vordergrund, die für junge Frauen zwischen 14 und 17 Jahren im Alltag obenauf liegen: Was macht mich aus? Was mag ich an mir? Worin bin ich stark? Welche Träume und Wünsche habe ich für meine Zukunft? Und wer ist eigentlich die/der Richtige für mich? Gibt es „die Richtige / den Richtigen" überhaupt?

9 Schnetzer, Simon / Hampel, Kilian / Hurrelmann Klaus: Trendstudie „Jugend in Deutschland 2024: Verantwortung für die Zukunft? Ja, aber", Datajockey Verlag, Kempten 2024, S. 13f.

Wichtig ist uns dabei, das Thema nicht nur biblisch-theologisch zu referieren oder bei einem reinen Gespräch über Texte zu bleiben, sondern wir üben gemeinsam Selbstliebe und -annahme ein. Das geschieht zunächst schon einmal dadurch, dass unsere Abende immer mit einem guten, hübsch angerichteten Essen in gemütlicher Atmosphäre beginnen. Aber auch bei der inhaltlich-thematischen Gestaltung der „Mädelszeit" lassen wir uns von verschiedenen Methoden inspirieren — auch wenn diese nicht typisch für die christliche Bubble sind: Persönlichkeitstests helfen bspw. herauszufinden, wie man selbst

Wir üben gemeinsam Selbstliebe und -annahme ein.

eigentlich tickt und wie wichtig es ist, dass wir verschieden sind. Affirmationskarten unterstützen uns dabei, positive Formulierungen für uns selbst und für andere zu finden und auszusprechen, ohne dass es komisch wirkt. Ganz bewusst sprechen wir auch anderen zu, was wir an ihnen schätzen und feiern.

Am Ende jeder „Mädelszeit" beten wir gemeinsam. Wir sagen Gott alles, was uns im Alltag nervt und herausfordert. Aber vor allem danken wir Gott füreinander. Denn das soll am Ende stehen: Gott findet uns klasse! Bei ihm stehen wir nicht ständig auf dem Prüfstand, sondern er hat uns großartig gemacht.

Gott findet uns klasse!

CHRISTIANE LEHMANN

APPROVED

Unsere Schule auf dem Prüfstand

Stundenentwurf,
Gottesdienstentwurf

Dieser Entwurf ist sowohl für Schulklassen als auch für Schülerbibelkreise (SBK) geeignet. Es geht darum, dass die guten Dinge an der Schule entdeckt und hervorgehoben werden. Oftmals spricht man ja nur über die Dinge, die nicht gut laufen. Das Ziel ist es, dass die Menschen, Dinge oder Angebote der Schule entdeckt werden, die allen dienen, die Schulgemeinschaft aufbauen und stärken oder auch Einzelnen Hilfe und Unterstützung anbieten. Frei nach dem Motto der Jahreslosung: Behaltet das Gute im Blick.

> **Oftmals spricht man ja nur über die Dinge, die nicht gut laufen.**

Dieser Entwurf bietet sowohl die Möglichkeit, einen Gottesdienst mit relativ geringem Vorbereitungsaufwand zu feiern, als auch die Chance, eine längere Themeneinheit inklusive eines Schulprojekts daraus zu konzipieren. Die einzelnen Ideen und Möglichkeiten werden im Text jeweils beschrieben.

Hinführung zum Thema: Stimmungsbarometer

Aufgabe: Nehmt zu folgenden Fragen Stellung. Positioniert euch dazu zwischen den beiden Polen.

- Frage 1: Wenn ich das Wort „Prüfung" höre, dann denke ich an
  etwas Positives oder etwas Negatives?
  > Vertiefende Rückfragen: „Welche Erlebnisse habt ihr mit Prüfungen gemacht?" „Was genau ist/war daran negativ oder positiv?"

- Frage 2: Schule verbinde ich hauptsächlich mit „geprüft werden".
  Ja oder nein?
  > Vertiefende Rückfragen: „Womit verbindet ihr Schule noch?" „Was gehört alles dazu?"

- Frage 3: In der Schule gibt es Dinge, die richtig gut sind.
  Ja oder nein?
  > Vertiefende Rückfragen: „Welche Dinge sind richtig gut?" „Was ist gut daran?"

- Frage 4: Über die guten Dinge in der Schule reden wir viel zu oft.
  Ja oder nein?
  > Vertiefende Rückfragen: „Was meinst du: Warum oder warum nicht ist das so?" „Was bringt es, über die guten Dinge zu reden?"

Gespräch und Impuls

Schule ist ein Ort, den man oftmals mit Prüfungen und Tests verbindet, mit Noten und Leistung. Aber was, wenn wir unsere Schule einmal überprüfen würden – was würden wir da finden? Würde die Schule eurer Meinung nach eher gut oder schlecht abschneiden?

Impulsfrage: Welche Kategorien gäbe es, wenn ihr eine Schule bewerten müsstet? *(Die Antworten der Schülerinnen und Schüler werden gesammelt.)*

Die Jahreslosung 2025 spricht auch davon, etwas zu prüfen. Und was? Alles. Doch nicht so, wie wir Menschen das oft machen: das Schlechte anprangern, Verbesserungen fordern oder motzen, sondern vielmehr auf das schauen, was gut ist.

Sie lautet: „Prüft alles und behaltet das Gute." Wir lesen einmal gemeinsam die Bibelstelle und dazu noch ein wenig den Kontext, in der Paulus diesen Vers schreibt. *(Alle lesen gemeinsam 1. Thess 5,12-22.)*

Was meint Paulus wohl mit diesem Ratschlag? Worum geht es ihm?

Paulus geht es am Ende des Thessalonicherbriefes ganz konkret um das Gemeindeleben, um das, was der Gemeinde dient und guttut. Die Jahreslosung bezieht sich dabei direkt auf den Vers davor: prophetische Rede nicht zu verbieten. Prophetisches Reden heißt unter anderem auch: Dinge sagen, die erbauen und voranbringen. Doch nicht alles, was sich gut anhört, ist auch gut und erbaulich. Deshalb soll die Gemeinde genau prüfen, was gut und erbaulich ist, und das dann auch behalten, annehmen, ausführen. Die Gemeinde soll der Sache auf den Grund gehen, mit dem Ziel, dass das Gute bei ihnen ist und wohnt. Das, was aufbaut, weiterhilft und Kraft schenkt, soll behalten und gestärkt werden, damit die Menschen in der Gemeinde als Gemeinschaft weiterwachsen und zusammenwachsen können. Was ist das Gute? Das Gute ist das, was dem Leben dient.

> ### Das Gute ist das, was dem Leben dient.

Als Schule sind wir auch eine Gemeinschaft. Und ich denke, dass wir die Aufforderung von Paulus auch heute noch Ernst nehmen sollen. Dort, wo wir als unterschiedliche Menschen zusammen sind und gemeinsam das Leben gestalten, da gilt auch: Schaut auf das, was euch als Gemeinschaft dient. Prüft alles und behaltet das Gute. Deshalb würde ich gern mit euch unser Schulleben und unsere Schule auf den Prüfstand stellen: Wo gibt es hier Gutes? Was erbaut uns? Wer ist für uns da? Und das wollen wir sichtbar machen für alle? Wie? Das überlegen wir gemeinsam.

Brainstorming

Wir überlegen uns Antworten auf folgende Fragen:

- Was für gute Dinge gibt es an unserer Schule - Orte, Angebote, Menschen usw.?
- Was sind Dinge, die euch guttun, euch aufbauen oder eine Zuflucht sind? Was fehlt euch oder vermisst ihr?

Wir sammeln und halten die Antworten fest. Anschließend wandeln wir sie in passende Kategorien um. Denn wenn jemandem etwas an der Schule fehlt, kann es ja doch sein, dass es die Kategorie trotzdem gibt. Anschließend stimmen wir darüber ab, über welche der Kategorien wir abstimmen und auf welche Weise sie gewählt und präsentiert werden.

Idee: Umfrage

Wir machen eine Umfrage unter den Schülerinnen und Schülern zu den verschiedenen Kategorien. Je nach Schule kann das digital passieren oder über einen analogen „Briefkasten" (hier müssen die anderen Schülerinnen und Schüler allerdings im Vorfeld informiert werden). Jede Woche kann eine andere Kategorie gewählt werden, z.B. durch eine kreative Ankündigung. Hierbei ist wichtig zu erwähnen, dass für eine Kategorie sowohl Menschen, Orte aber auch Dinge vorgeschlagen werden können. Was am häufigsten genannt wird, gewinnt.

Es kann aber auch einfach nur in der Klasse bzw. im Schülerbibelkreis gesammelt und abgestimmt werden, wenn die Zeit zu knapp oder die Aktion zu aufwendig ist. Schließlich kann die Abstimmung auch im Gottesdienst durchgeführt werden, oder die genannten Dinge werden einfach als „Gute Dinge in unserer Schule" ausgehängt.

Geeignete Kategorien könnten z.B. sein:

- Bester Ort, um gut Pause zu machen.
- Dieses Ding oder diese Person sorgt für ein gutes Schulklima.
- Hier gehe ich hin, wenn ich Stress habe.
- Hier wird meine Kreativität gefördert.
- Dort kann ich sein, wie ich bin.
- Dort gibt es die besten Snacks.
- Hier kann man sich auspowern.
- Diese Menschen machen die Schule zu einem besseren Ort / zu diesen Menschen kann man immer gehen.
- An diesem Ort kann ich richtig abschalten.

Es können selbständig noch viele weitere Kategorien ergänzt werden. Auch der Schülerbibelkreis kann hier gezielt Kategorien platzieren, wenn es darum geht, einmal offen über Fragen des Glaubens sprechen zu können. Je nach Schule gibt es noch viele weitere Möglichkeiten.

All diese Dinge können abgestimmt werden. Die meistgenannten Antworten werden am Ende auf Plakaten öffentlich ausgehängt, sodass das Gute der Schule für alle sichtbar und zugänglich ist.

Die Aktion kann auch mit einem Schulgottesdienst verbunden werden (z.B. zu Weihnachten oder auch zum Schuljahresende, wenn tatsächlich Prüfungen anstehen). Ein Vorschlag für einen Gottesdienst, in dem die guten Dinge vorgestellt werden, ist unten zu finden. Dabei kann auch über drei Vorschläge pro Kategorie abgestimmt werden und quasi live im Gottesdienst die Gewinner ausgewählt und anschließend ausgehängt werden. So wären die Schülerinnen und Schüler direkt beteiligt.

Vorschlag für einen Schulgottesdienst

Falls kein Gottesdienst gefeiert wird, kann man den Impuls auch als Grundlage für den Abschluss im Schülerbibelkreis nehmen. Es wäre auch denkbar, anstelle einer längeren Einheit im Unterricht oder im Schülerbibelkreis die Kategorien erst im Gottesdienst zu sammeln und sichtbar zu machen. Dies könnte auch am Schulanfang durchgeführt werden, um so gemeinsam in ein gutes Schuljahr zu starten.

Thema:	APPROVED – unsere Schule auf dem Prüfstand
Liedvorschläge:	Siehe Kapitel „Liedpool"
Vorschlag Psalmgebet:	Psalm 103
Impulsvorschlag:	Schule – manche gehen gern hin, andere nicht. Für viele ist Schule der Ort, an dem man seine Freundinnen und Freunde trifft, aber gleichzeitig auch der Ort, an dem man beurteilt wird, geprüft wird und darüber entschieden wird, ob man gut oder eher weniger gut ist.

Wer von euch verbindet mit Schule „geprüft werden"? Einfach mal die Hand heben. (Hand heben lassen) Und wer von euch verbindet das mit einem positiven Gefühl? (wieder Hand heben lassen) Wer mit einem negativen Gefühl? (erneut Hand heben lassen)

Prüfungen sind oft deshalb nicht besonders angenehm, weil dabei nicht herausgehoben wird, was man alles konnte, wusste oder erreicht hat – sondern das Augenmerk liegt eher darauf, was man nicht wusste, wo noch was gefehlt hat oder was man alles falsch gemacht hat. Man blickt also eher auf das Negative als auf das Positive.

Interessant ist aber, dass auch schon in der Bibel steht, dass man prüfen soll. „Wie bitte?", mag da vielleicht die eine oder der andere denken. Schaut Gott etwa auch auf das, was wir nicht können oder falsch machen? Gott schaut sich an, was wir können und was wir nicht können. Er schaut auf unsere Fehler und auf unsere Gaben. Er schaut uns als ganze Menschen an – und am Ende steht aber immer das: Du bist mein geliebtes Kind. Es ist kein negatives Prüfen, sondern ein wohlwollender Blick, mit dem Ziel, uns zu stärken und aufzubauen. Er legt nicht den Finger in die Wunde und bohrt darin rum, wie wir Menschen das ja sehr gut können. Ihm ist es wichtig, dass das Gute gesehen und danach gehandelt wird.

So ist auch die Jahreslosung zu verstehen. Paulus schreibt dort der Gemeinde in Thessalonich: „Prüft alles und behaltet das Gute." In einer Gemeinde sind sehr viele verschiedene Menschen – mit unterschiedlichen Meinungen, Ansichten, Verhaltensweisen. Das ist ziemlich herausfordernd und da kann man schon einmal aneinandergeraten. Wie kann man da gut zusammenfinden und Gemeinschaft leben? Diesen Tipp gibt Paulus der Gemeinde: Schaut nach dem, was gut ist; damit meint er, was dem Leben und dem Glauben dient. Überprüft alles. Und dann haltet euch nicht bei den Fehlern, dem Schlechten auf, sondern stellt das Gute in den Mittelpunkt. Das, was euch stärkt als Einzelne und als Gruppe, das, was gut funktioniert und euch weiterbringt.

Und irgendwie muss ich dabei auch an unsere Schule denken. Wir sind eine Gemeinschaft mit ganz unterschiedlichen Menschen, mit Meinungen, Gaben, Ansichten. Und doch sind wir – zumindest unter der Woche – alle gemeinsam unterwegs. Auch da gibt es Schwierigkeiten, Reibereien und dann noch natürlich die Beurteilung nach Leistungen. Doch eigentlich ist Schule doch viel mehr. Es kann ein Ort sein, an dem unterschiedliche Menschen Freundinnen und Freunde werden. Ein Ort, an dem Gaben gefördert, Schweres getragen und Schönes gefeiert wird. Als Schule sind wir auch eine Gemeinschaft. Und ich denke, dass wir die Aufforderung von Paulus auch heute noch Ernst nehmen sollen. Dort, wo wir als unterschiedliche Menschen zusammen sind und gemeinsam das Leben gestalten, da gilt auch: Schaut auf das, was euch dient. Prüft alles und behaltet das Gute.

Deshalb würde ich gern mit euch unser Schulleben und unsere Schule auf den Prüfstand stellen: Wo gibt es Gutes, was erbaut uns, wer ist für uns da? Die Ergebnisse möchte ich mit euch für alle sichtbar machen. Wie? Das schauen wir uns gleich gemeinsam an. Am Ende ist es das, was Gott sich schon immer wünscht: dass wir erleben, dass er es gut mit uns meint und uns Gutes tun will. Dass wir geliebt sind – auch wenn wir Fehler machen oder nicht alles können. Aber dass wir beschenkt und begabt sind von ihm und das auch weitergeben können, sodass andere einen Geschmack des Guten bekommen und selbst das Gute an und in ihnen entdecken. So wird unser Umfeld verändert – die Orte, an denen wir miteinander leben. Die Welt, unsere Familie und unsere Schule. Amen

Im Anschluss an den Impuls können entweder die Gewinner der Kategorien vorgestellt oder ausgewählt werden. Die Abstimmung kann digital oder mit Klebepunkten auf den Vorschlägen erfolgen.

Fürbittengebet:	Die Schülerinnen und Schüler sollen ermutigt werden, eigene Anliegen aufzuschreiben. Dank und Bitte können sich an den gesammelten Kategorien des Guten orientieren.

Ausblick

Die Kategorien des Guten können im Schulhaus aufgehängt bleiben und den Schülerinnen und Schülern somit die Möglichkeit bieten, jede einzelne Kategorie weiter mit Tipps zu füllen. An jedem Plakat sollte dann auch ein Post-it-Block bereitliegen. Auf die Zettel können dann z.B. neue Entdeckungen geschrieben und auf die Plakate geklebt werden. So bleibt das Augenmerk auf das Gute in der Schule gerichtet.

SABINE SCHMALZHAF-SIEVERS

prüft
alles
& behaltet
das
Gute
1. Thessalonicher 5,21

Kunstprojekt im Konfirmandenjahr

Zeuginnen und Zeugen des Glaubens

Kreativ-Projekt-Entwurf

Material:

- Liste mit Glaubenszeuginnen und Glaubenszeugen (s. Downloadbereich)
- ausgedruckte Aufgabenstellung (s. Downloadbereich)
- Laptops mit Internetzugang
- 2 Stück Graupappe pro Gruppe/Person (DIN A4, max. 1,5 mm dick)
- Klebestifte
- Scheren
- weißer Wickeldraht (1–1,5 mm dick)
- weißes Klebeband
- mehrere große Spiegel

Benötigte Zeit:

- Schritte 1–3: 120–180 Minuten (je nach Ausgestaltung der inhaltlichen Einführung ins Thema)
- Schritte 4–6: 60–90 Minuten
- Schritt 7: 30–40 Minuten

Während meiner Zeit als Jugendreferent in Kirchheim/Teck verantworteten Pfarrer Jochen Maier und ich an der Martinskirche gemeinsam die Konfirmandenarbeit. Eine Besonderheit, die ich in diesem Zuge kennenlernte, war, dass Jochen Maier jedes Jahr ein Kunstprojekt mit den Konfirmandinnen und Konfirmanden gestaltete, so eine Art „Gesellenstück" des Konfirmandenjahres. Das Vorgehen hierbei war meistens von einem Zweischritt bestimmt: 1) Bearbeitung und Vertiefung eines Themas, 2) gestalterische Umsetzung des Erarbeiteten.

Dabei haben wir in jedem Jahr festgestellt, dass die so bearbeiteten Inhalte durch die kreative Umsetzung deutlich tiefer im Gedächtnis der Jugendlichen verhaftet blieben – und es am Ende immer auch ein Ausstellungsstück gab. Gleichzeitig war das Kunstprojekt dann immer auch das Thema im Konfirmationsgottesdienst, wurde mit Fotos auf einer Leinwand präsentiert und wir haben darüber gepredigt. Jedes Jahr haben wir uns etwas Neues ausgedacht, wobei die meisten Impulse hier von Jochen Maier kamen, der schlichtweg extrem künstlerisch begabt ist und von dem ich über all die Jahre dabei viel gelernt habe. Das Projekt, das ich hier vorstelle, nannten wir „Zeuginnen und Zeugen des Glaubens".

Im Konfirmandenjahr war uns natürlich immer wichtig, dass wir Inhalte des christlichen Glaubens weitergeben, aber auch eigene Entdeckungen und Erfahrungen damit ermöglichen. Eine Weise, auf die das geschehen kann, ist das Auseinandersetzen mit Vertreterinnen und Vertretern des Glaubens, also mit Menschen, die ernsthaft Christinnen und Christen sind. Natürlich gab und gibt es in der Geschichte der Christenheit auch sehr enttäuschende Gestalten, keine Frage. Aber es bringt eigentlich nichts, eine Religion nach ihren schlechtesten Vertreterinnen und Vertretern zu beurteilen, sondern es ist sinnvoll und hilfreich, sie nach ihren besten Vertreterinnen und Vertretern zu beurteilen. Und rein geschichtlich kann niemand leugnen, dass eine große Zahl beeindruckender Leistungen von Mitmenschlichkeit und Nächstenliebe in unserer Geschichte von ernsthaften Christinnen und Christen ausgegangen sind. Dass man nicht nur für sich selbst lebt, sondern aufeinander achtet und voneinander lernt, das kennzeichnet Menschen, die Jesus

Diese Erfahrung kann man nicht beweisen, man kann sie nur bezeugen.

von Nazareth nachfolgen. Und dass das Vertrauen auf Gott mein Leben tiefer und reicher macht, ist eine innere Erfahrung, die viele Frauen und Männer von Paulus bis Samuel Koch, von Teresa von Avila bis Martin Luther King gemacht haben. Aber diese Erfahrung kann man nicht beweisen, man kann sie nur bezeugen.

Deshalb haben sich die Konfirmandinnen und Konfirmanden mit Zeuginnen und Zeugen des Glaubens beschäftigt.

Im Folgenden beschreibe ich, wie bei dem Projekt vorzugehen ist.

Schritt 1: Beispiel und Aussuchen einer Person

An einem Samstagvormittag sind wir miteinander ins Thema eingestiegen, indem wir die Lebensgeschichte von Albert Schweitzer vorgestellt und in aller Kürze behandelt haben. Natürlich kann hier auch eine andere Person vorgestellt werden. Wichtig ist, dass deutlich wird, welche Rolle der Glaube für diese Person gespielt hat und wie er im Leben sichtbar wurde. Neben dieser Person gibt es noch unzählig viele andere im Laufe der Geschichte, die mehr oder weniger bekannt sind, aber einen wichtigen Aspekt des Glaubens in ihrem Leben widergespiegelt haben. Es lohnt sich, sich mit ihnen zu beschäftigen.

Anschließend haben wir eine von uns zusammengestellte Namensliste ausgeteilt – von Abraham bis zum Fußballer Kaka (s. Downloadbereich). Natürlich ist diese Liste unvollständig und kann nach Belieben erweitert und verändert werden. Je nach Gruppengröße suchten nun ein oder zwei Konfirmandinnen und Konfirmanden miteinander eine Person aus der Liste aus, mit der sie sich beschäftigten und deren Lebensgeschichte sie erforschen wollten. Dazu haben wir mehrere Laptops mit Internetzugang bereitgestellt.

Schritt 2: Recherche und Zusammenfassung der Lebensgeschichte

Durch Recherche im Internet und mit unserer Hilfe haben die Konfirmandinnen und Konfirmanden Informationen aus der Lebensgeschichte der jeweils ausgewählten Person gesammelt, um dann wesentliche Stationen, Erlebnisse und Überzeugungen in einem eigenen Text zusammenzufassen. Besonderes Augenmerk lag dabei auf der Frage: „Was war bzw. ist eurer Person im Glaube im Leben wichtig?" Dieser Text sollte nicht länger als eine DIN-A4-Seite sein.

Schritt 3: Foto aussuchen

Neben der Beschäftigung mit der Lebensgeschichte musste natürlich auch ein passendes Foto der Person gesucht werden – in möglichst guter Auflösung und lizenzfrei.

Damit war der Vormittag beendet. Wir haben die verfassten Lebensgeschichten abgespeichert und die Fotos mitgenommen. Diese haben wir je in DIN-A4-Größe formatiert und drucken lassen. An einem Mittwochnachmittag im Konfi-Unterricht wurde das Projekt schließlich fortgesetzt.

Schritt 4: Bearbeiten des Fotos zum Aufsteller

Wir haben die ausgedruckten Fotos den zuständigen Konfirmandinnen und Konfirmanden ausgeteilt, dazu auch DIN-A4-Graupappe (nicht dicker als 1,5mm), Klebestifte und Scheren, weißen Wickeldraht (1–1,5 mm stark) und weißes Klebeband mit folgender Arbeitsanweisung (s. Downloadbereich):

Aufgabe: 1. Bild der gewählten Person **sauber** auf einen DIN-A4-Karton kleben. Die Person kann dazu vorher schon in groben Umrissen ausgeschnitten werden.

2. Aufgeklebte Person **möglichst sorgfältig und genau** ausschneiden.

3. Hinten auf der ausgeschnittenen Person den **weißen Draht** so biegen und so mit weißem Klebeband an der Rückseite anbringen, dass die Kartonfigur aufrecht aufgestellt werden kann.

Schritt 5: Lebensgeschichte und Glaubenssatz

Nach der Fertigstellung der Papp-Figur haben wir die Konfirmandinnen und Konfirmanden erneut an den Laptops arbeiten lassen, um ihren selbst geschriebenen Text zur Lebensgeschichte der Person nochmals in Ruhe durchzulesen und dann in die finale Form zu bringen: Schriftart wählen, Überschrift, Absätze, Gliederung, evtl. einen Rahmen usw. So haben alle sich nochmals inhaltlich mit ihrer Person beschäftigt, um die nächste Aufgabe anzugehen:

Aufgabe: Sucht nun einen Satz (oder ein Zitat), den eure Person gesagt oder aufgeschrieben hat, der typisch oder bemerkenswert für diese Person ist.

Dieser Satz – ggf. auch mehrere – wurden dann zur Präsentation der Lebensgeschichte hinzugefügt.

Schritt 6: Spiegelfoto

Da jede ausgesuchte Person bestimmte Inhalte, Wichtigkeiten oder Überzeugungen des christlichen Glaubens im Leben widerspiegelt, bestand die letzte Aufgabe darin, ein Spiegel-Foto zu machen. Dazu haben wir mehrere große Spiegel besorgt (hier können auch die Familien der Konfirmandinnen und Konfirmanden angefragt werden).

Aufgabe: „Überlegt bzw. sucht euch nun hier im Raum oder in der Kirche oder draußen in Stadt und Natur eine Stelle, die ihr spiegeln könnt und die zu eurer Person passt. Wenn ihr etwas gefunden habt, fotografieren wir euch mit dem Spiegel in der Hand und der Stelle, die auf dem Spiegel dann zu sehen sein soll."

Wir haben ein paar Beispiele genannt, um die Aufgabe zu verdeutlichen:

- Albert Schweitzer als Arzt: Erste-Hilfe-Koffer
- Johann Sebastian Bach als Musiker: ein Instrument
- Jürgen Klopp als Sportler: ein Fußball.

Als sich die Konfirmandinnen und Konfirmanden dann auf die Suche gemacht und auf die Aufgabe eingelassen haben, haben sie tolle Stellen entdeckt und Ideen entwickelt. Wir haben sie dann so fotografiert, dass sie als Person ganz zu sehen waren – mit geschlossenen Augen! – und auf dem Spiegel die gespiegelte Stelle.

Schritt 7: Sich selbst als Aufsteller gestalten

Die entstandenen Fotos haben wir auch wieder im Format A4 drucken lassen und an einem weiteren Mittwochnachmittag bearbeitet:

Aufgabe: Klebt das Foto von euch selbst auf Graupappe auf, schneidet sie dann an den Umrissen aus und befestigt weißen Draht an der Rückseite, sodass die Figur aufgestellt werden kann."

Zudem haben wir die geschriebenen und gestalteten Lebensgeschichten ausgedruckt mitgebracht, um dann alle einzelnen Teile des ganzen Projekts zusammenzufügen: Personen-Aufsteller, Lebensgeschichte, Spiegelfoto-Aufsteller.

Die kurze Beschreibung des ganzen Kunstprojektes, welches dann nach der Konfirmation vier Wochen in der Kirche ausgestellt wurde, lautete so:

„Zeuginnen und Zeugen des Glaubens – Konfi-Kunstprojekt 20xx. Die Konfirmandinnen und Konfirmanden haben sich aus einer Liste von Glaubenszeuginnen und Glaubenszeugen eine Person ausgesucht. Mit dieser Person haben sie sich intensiv beschäftigt, ein Porträt gestaltet und die Lebensgeschichte zusammengefasst. Dabei war eine Frage besonders leitend: ‚Was war dieser Person im Glaube im Leben wichtig?'

Was war dieser Person im Glaube im Leben wichtig?

Leben wichtig?' Zudem haben die Konfirmandinnen und Konfirmanden ein ‚Spiegelbild'-Foto erstellt. Dort ist auf dem Spiegel etwas zu sehen, was die portraitierte Person in ihrem Leben im Glaube widergespiegelt hat oder was für sie von großer Bedeutung war."

JOCHEN LEITNER

Planspiel „Checker-Konfi"

Die Konfis schlüpfen in die Rolle des Kirchengemeinderats. Sie bekommen eine fiktive Summe Geld, mit der sie die verschiedenen Bereiche der Kirchengemeinde unterstützen können – in dem Maße, wie sie es für gut und richtig halten. Ihre Aufgabe ist, zu prüfen, was es gibt, wofür es etwas gibt und wieviel es kostet. Anhand ihrer gewonnenen Erkenntnisse sollen sie entscheiden, wie sie das Geld den jeweiligen kirchlichen Bereichen zuteilen wollen.

Eventuell kann das Ergebnis dem Kirchengemeinderat als Vorschlag und Stimme der Jugend vorgezeigt werden. Idealerweise nimmt der Kirchengemeinderat den Vorschlag auf seine Tagesordnung und lässt den Konfis auch eine Antwort zukommen. Wie diese Rückmeldung konkret aussieht, sollte vor Ort entschieden werden.

Warum geschieht die Prüfung anhand von Geld?

Menschliches Handeln sucht sich viele Ausdrucksformen (oder Werke): als Gemälde, als Buch, als Maschine, als Kunstgegenstand, als Blumenstrauß, als lecker zubereitetes Essen, als täglich verrichtete Arbeit usw. Geld wiederum kann als Ausdrucksform der Zuwendung und des Interesses am Werk anderer verstanden werden. Wie der Rasenmäher die Funktion besitzt, den Rasen zu mähen, so besitzt das „Werk Geld" die Funktion, das Werk anderer zu würdigen. Daher ist es ein starkes Mittel, das Handeln der Menschen zu motivieren und anzutreiben. In diesem Sinne verstehe ich im vorliegenden Planspiel Geld. Natürlich kann statt Geld auch eine andere Ausdrucksform von Zuwendung und Interesse verwendet werden.

Möglicher Ablauf des Planspiels

1. Schritt: Die Konfis werden zum Kirchengemeinderat ernannt. Ihnen wird gesagt, dass sie eine bestimmte Geldsumme zu verteilen haben (z.B. 50.000 €). Sie müssen sich überlegen, welcher kirchliche Bereich wieviel bekommt. Es ist auch möglich, einem Bereich das Geld komplett zu streichen. Als nächstes werden die Konfis in kleine Ausschüsse aufgeteilt (3–4 Personen), die sich jeweils einem kirchlichen Bereich widmen.

Material: Ein Blatt mit Informationen zu jedem Bereich der Kirchengemeinde und deren jährlichen Kosten (s.u. und im Downloadbereich). Die Bereiche „Tageseinrichtung für Kinder", sowie „Diakoniestation" wurden absichtlich nicht aufgeführt, weil sie wie eigenständige Betriebe geführt werden. Auch der Dienst und die Kosten der Pfarrperson wurden im Planspiel nicht berücksichtigt. Die Informationen zu den Kosten können entweder aus dem realen Haushaltsplan der Kirchengemeinde entnommen werden (der Haushaltsplan ist öffentlich und kann von jeder Person im Pfarramt eingesehen werden) oder es wird ein fiktiver Plan aufgestellt.

Zeitumfang: 60–180 Minuten

2. Schritt: Die Ausschüsse prüfen ihren Bereich. Folgende Fragen sollen hier geklärt werden:

- Was wird in meinem Bereich gemacht?
- Für wen wird etwas in meinem Bereich gemacht?
- Welches Ziel verfolgt mein Bereich?
- Was kostet mein Bereich?
- Wofür fallen genau die Kosten an?

Wer möchte, kann noch weiterdenken: Braucht mein Bereich größere Investitionen, damit die Motivation in diesem Bereich steigt? (Vorsicht: könnte Konfis möglicherweise überfordern)

3. Schritt: Vorstellung der Ergebnisse im Konfi-Kirchengemeinderat. Jeder Ausschuss informiert den gesamten Konfi-Kirchengemeinderat über seine Ergebnisse.

4. Schritt: Jeder Ausschuss überlegt sich für seinen Bereich sowie für einen weiteren Bereich eines anderen Ausschusses, wieviel Geld er von der fiktiven Summe (hier: 50.000 €) dem jeweiligen Bereich zur Verfügung stellen möchte.

5. Schritt: Alle Ausschüsse benennen beide Geldbeträge, die sie für die jeweiligen Bereiche ausgeben wollen. Mit einer darauffolgenden Diskussion soll erreicht werden, dass am Ende die fiktive Summe (hier: 50.000 €) so aufgeteilt werden, dass alle zustimmen können. Sollte keine Einigung gefunden werden, wird per Mehrheitsbeschluss abgestimmt.

6. Schritt: Das Ergebnis des Konfi-Kirchengemeinderats soll festgehalten werden. Gibt es Bereiche, die ganz verschwinden? Welche Bereiche bekommen wie viel Geld? Schön wäre, wenn es eine Begründung für die Verteilung des Geldes gäbe.

7. Schritt: Was fehlt? Die Konfis sollen miteinander überlegen, was ihrer Meinung nach zu wenig oder gar keine Beachtung in ihrer Kirchengemeinde findet. Wie könnte das geändert werden? Steht Geld zur Verfügung, das dafür verwendet werden könnte?

Beispielgemeinde: Checkingen

Unten gibt es eine Tabelle, in der die üblichen kirchlichen Bereiche einer Kirchengemeinde aufgelistet sind. Hier können manche Bereiche auch weggelassen oder andere hinzugefügt werden. Die Beispiel-Kirchengemeinde Checkingen ist eine kleine, ländliche Kirchengemeinde mit ca. 500 evangelischen Gemeindegliedern.

Die Kirchengemeinde Checkingen hat einen Erwachsenen-, einen Jugend- und einen Kinderchor sowie weitere musikalische Projekte, die vom Chorleiter veranstaltet werden.

In Checkingen findet keine Kinder- und Jugendarbeit der Kirchengemeinde statt. In der Konfirmandenarbeit wird jedoch mit Mitarbeitenden zusammengearbeitet.

Besondere Gottesdienste gibt es in Checkingen selten. Ca. vier Mal im Jahr gibt es einen Familien-Gottesdienst. Eine Kinderkirche gibt es nicht, dafür aber alle zwei Monate einen Krabbel-Gottesdienst.

Beim Blick auf die Tabelle fällt auf, dass das meiste Geld in Personal investiert wird. Wo viel investiert wird, gibt es auch viele Angebote. Das wird vor allem im Bereich „Kirchenmusik" deutlich. Außerdem bekommen die Bereiche „Gottesdienst" und „Pfarramt" (Verwaltung) noch eine Menge Geld.

Gern kann das Beispiel der Kirchengemeinde Checkingen für das Planspiel übernommen werden. Mehr Arbeit ist es, sich mit dem Haushaltsplan der eignen Kirchengemeinde auseinanderzusetzen und eine eigene Tabelle aufzustellen. Diese Arbeit lohnt sich aber. Das Aufstellen der Tabelle ist als Vorarbeit unbedingt notwendig, um die Konfis in ihrem Planspiel unterstützen zu können.

Das Planspiel bietet eine gute Möglichkeit, um zu sehen und zu verstehen, was es in der Kirchengemeinde alles gibt.

LUKAS FREI

Kirchlicher Bereich	Was wird hier gemacht?	Für wen wird hier etwas gemacht?	Welches Ziel verfolgt mein Bereich?	Was kostet mein Bereich?	Wofür fallen Kosten an?
Gottesdienste	Gottesdienste feiern (Sonntags-Gottesdienste, besondere Gottesdienste wie Hochzeiten, Abend-Gottesdienste, Kinderkirche, Jugendgottesdienste ...)	alle (idealerweise, denn an Gottes Tisch sind alle eingeladen); zumindest aber alle, die gern in Gemeinschaft mit Gott in Verbindung sein wollen	z. B. Begegnung mit Gott, zur Ruhe kommen, Zeit zum Nachdenken, Gemeinschaft, Raum für Freude und Trauer ...	ca. 12.000 €	Personalkosten für Mesnerin/Mesner und Hausmeisterin/Hausmeister (ca. 9.000 €), Heizung und Strom (2.000 €), Anschaffungen für Technik ...
Kirchenmusik	Chöre (z. B. Kirchenchor, Gospel-chor, Kinderchor), Musikteams/Bands, musikalische Ausbildung (z. B. Orgel), Orgeldienste	für alle, die gern singen und musizieren wollen	Gemeinschaft, aufeinander hören lernen, musikalische Fertigkeiten erlernen und vertiefen	ca. 11.000 €	Personalkosten für Chorleitung und Orgeldienste (ca. 9.000 €), Anschaffungen (Instrumente, Noten ...)
Bildungs-Angebote für Erwachsene sowie Seniorenarbeit	Veranstaltungen für Senioren oder für Erwachsene (Senioren-Nachmittage oder Bildungsangebote für Erwachsene)	Senioren, Eltern, Männer, Frauen, Paare ...	Persönlichkeits- und/ oder Weiterbildung, Gemeinschaft; eigene Positionen in der Auseinandersetzung stärken	ca. 800 €	Honorare für Referentinnen/Referenten, Getränke, Essen ...
Konfi-, Kinder- und Jugendarbeit	Konfi-Unterricht, Jungscharen, Jugendkreise, Freizeiten	Kinder und Jugendliche	Bildung von Kindern und Jugendlichen. Gemeinschaft, Spiel, Spaß	ca. 1.500 €	Bibeln für Konfis, Zuschuss für Konfi-Freizeit, Geld für Materialien
Öffentlichkeitsarbeit	Veröffentlichungen im Ortsnachrichtenblatt, soziale Medien (Instagram, Facebook)	Mitglieder, Interessierte	Information für Mitglieder und zur allgemeinen Werbung	ca. 1.000 €	Personalkosten für Person im Sekretariat (kleiner Teil: ca. 900 €), Sonstiges
Pfarramt	Führung der Verzeichnisse (Taufen, Hochzeiten, Beerdigungen ...),				
Gemeindehaus	Viele Veranstaltungen der Gemeinde (Senioren, Erwachsene, Jugendliche, Kinder)	alle, die für ihre kirchliche Veranstaltung einen Raum benötigen	Raum für Begegnung	ca. 10.000 €	Personalkosten für Hausmeisterin/Hausmeister (ca. 5.000 €), ca. 4.000 € für Heizung, Strom und Wasser, Getränke ...

Beispiel-Kirchengemeinde „Checkingen"

„Freiwillig hier?!"

Zu was kannst du dich frei entscheiden? Warum engagieren sich Menschen freiwillig? Gerade auch im Freiwilligendienst? In diesem Gottesdienst unter dem Motto „Freiwillig hier" kommen verschieden Menschen zu Wort, die sich für andere oder eine Sache freiwillig einsetzen. Man kommt der Motivation, die dahintersteckt, auf die Spur – und feiert, gemeinsam freiwillig da zu sein.

Gefeiert wurde dieser Jugendgottesdienst bei „DAS FESTIVAL" zum Reformationsjubiläum 2017 in der Stiftskirche in Stuttgart. Einzelne Elemente wurden für diesen Entwurf angepasst und aktualisiert. Denkbar ist, eine Person einzuladen und zu interviewen, die einen Freiwilligendienst absolviert hat und darüber erzählt.

Dieser Gottesdienst-Entwurf kann Inhalte des Beitrags „Prüft alles – was mache ich nach dem Schulabschluss?" aufnehmen oder kann im Vorbereitungsteam zur Orientierung dienen.

Was zum frei-willigen Einsatz motiviert

Gottesdienst-Entwurf

Einstieg:	Vor dem Gottesdienst kann ein Countdown eingeblendet werden. Es kann auch zur Aktivierung und Hinführung zum Thema eine Umfrage (z. B. über www.mentimeter.com oder www.slido.com/de) eingeblendet werden, in der danach gefragt wird, wie viel Stunden freiwilliges Engagement im Monat geleistet wird. Auf das Ergebnis kann dann später eingegangen werden.
Musik:	Siehe Kapitel „Liedpool"
Votum:	Im Namen Gottes des Vaters und des Sohnes und des Heiligen Geistes. Amen.
Begrüßung:	
Moderation 1:	Herzlich willkommen zum Gottesdienst. Mein Name ist ... Ich bin hier in ...
Moderation 2:	Mein Name ist ... Wir haben den Gottesdienst gemeinsam mit einem Team vorbereitet.
Moderation 1:	Der Gottesdienst wird besonders schön, wenn wir gemeinsam singen. Und wir sind ja auch viele, dann klingt es ja auch gut zusammen. Jede Stimme ist wichtig. Jede und jeder ist wichtig.
Thematischer Einstieg:	
Moderation 1:	Also nochmals: herzlich willkommen – schön, dass ihr da seid!
Moderation 2:	Hoffentlich freiwillig! Oder wurde jemand gezwungen?
Moderation 1:	Unser Gottesdienst hat ja den Titel „freiwillig hier" sein.
Moderation 2:	Jetzt mal konkret – Hand auf's Herz: Wer ist denn heute freiwillig hier? Meldet euch mal mit Handzeichen.

Moderation 1:	So viele. Aber: Ich hab die Frage nicht verstanden – was bedeutet „freiwillig" eigentlich? Wie frei sind meine Entscheidungen?
Moderation 2:	„Freiheit" heißt für mich, die Möglichkeiten, die Gott mir schenkt, zu ergreifen, die Wege, die Gott mir aufzeigt, zu gehen – oder nicht zu gehen. Das ist Freiheit – das ist mein freier Wille.
Moderation 1:	Also, was macht ihr denn wirklich freiwillig? Ich meine: Wo ergreift ihr eine Möglichkeit, die Gott euch schenkt?
Moderation 2:	Mal ganz konkret, z.B. heute Morgen: Hast du gefrühstückt, weil du Hunger hattest oder weil du mit anderen – wie an fast jedem Morgen – zusammen am Tisch gesessen bist?
Moderation 1:	Ich hätte heute Morgen nichts zu essen gebraucht. Aber ich saß in der Gemeinschaft mit meiner Familie.
Moderation 2:	Und wie ist das bei dir gewesen? (Jugendliche/Jugendlichen direkt ansprechen) Hast du gefrühstückt, weil du Hunger hattest, oder wurdest du genötigt, am Familien-Frühstückstisch zu sitzen?
Moderation 1:	Wer hat also heute Morgen wirklich freiwillig gefrühstückt? (Handzeichen geben lassen)
Moderation 2:	Ok, da gibt es ja einige unter euch, die wirklich auf sich gehört haben und freiwillig gefrühstückt haben!
Moderation 1:	Aber nochmal eine Frage. Jetzt noch konkreter: Wie ist das denn mit den Klamotten?
Moderation 2:	Wie, Klamotten?! Was hat das denn mit „freiwillig" zu tun?
Moderation 1:	Naja, wenn ich frei wählen könnte, dann würde ich jetzt hier in meiner gemütlichen Homie-Jogginghose stehen. Aber wie sähe das denn aus hier vorn. Wir haben ja auch teilweise unbequeme Sonntagskleidung an, weil sich das so gehört.
Moderation 2:	Also, ich gebe zu, dass wir da nicht frei waren bei der Frage, was wir anziehen.
Moderation 1:	Habt ihr (Gemeinde ansprechen) auch Kleidung an, nicht, weil sie euch gefällt, sondern, weil das gerade angesagt ist und ihr damit ein Teil eurer Gruppe seid? Wer hat schon Lust, immer schräg angesehen zu werden?
Moderation 2:	Wenn meine Klamottenwahl nicht frei ist, was mache ich dann überhaupt „frei-willig"? Ist nicht alles irgendwie beeinflusst oder sogar gelenkt? Oder sind wir nicht alle Marionetten, die Gott in der Hand hat?
Moderation 1:	Das denke ich nicht. Gott gibt mir Möglichkeiten und eröffnet mir Wege. Und meine Freiheit ist es, zu wählen, welchen Weg ich nehme, welche Möglichkeit ich ergreife.

Moderation 2:	Okay. Darum wird es in diesem Gottesdienst auch gehen, dass wir dem auf den Grund gehen.
Moderation 1:	Aber jetzt singen wir erstmal – einen Klassiker: „Großer Gott, wir loben dich". Und indem wir singen, danken wir Gott auch für die Möglichkeiten, die er uns schenkt, freiwillig hier zu sein.
Lied:	„Großer Gott wir loben dich" (Das Liederbuch, Nr. 15)
Gebet:	Großer Gott, wir loben dich an diesem Tag, für die Sonne, für die Menschen, für unser Zusammensein – für unsere Zeit. Endlich habe ich die Freiheit, das zu tun, was ich wirklich will. Meistens zumindest. Manche Grenze hat mir die Woche gesetzt. Manche Grenze gibt es im Leben der anderen. Im Stillen erzählen wir dir von unserer Woche – von Höhen und Tiefen, von Freiwilligkeit und Zwang. (Stille) Gelobt seist du, Gott! Du hörst unser Gebet und verwirfst unsere Gedanken nicht.
Dialogische Schriftlesung:	Was an dir findest du so gut, dass du es anderen gern erzählst? Ist dein ganzes Leben eine einzige Schoko-Seite? Und wie gehst du mit Fehlern um: Erzählst du sie freiwillig oder nur auf Nachfrage? Mit der Rahmenerzählung in einer Übertragung auf heute beginnen: Eine findet sich total super und ist stolz darauf, wie positiv sie von der Welt gesehen wird – eine andere ist sich ihrer Fehler bewusst und ist auf der Suche nach Vergebung. Einige der Leute waren davon überzeugt, dass sie selbst nach Gottes Willen lebten. Für die anderen hatten sie nur Verachtung übrig. Ihnen erzählte Jesus dieses Gleichnis (Lk 18,9-14 Hfa): „Zwei Männer gingen hinauf in den Tempel, um zu beten. Der eine war ein Pharisäer und der andere ein Zolleinnehmer. Der Pharisäer stellte sich hin und betete leise für sich: ‚Gott, ich danke dir, dass ich nicht so bin wie die anderen Menschen – kein Räuber, Betrüger, Ehebrecher oder Zolleinnehmer wie dieser hier. Ich faste an zwei Tagen in der Woche und gebe sogar den zehnten Teil von allem, was ich kaufe.' Der Zolleinnehmer aber stand weit abseits. Er traute sich nicht einmal, zum Himmel aufzublicken. Er schlug sich auf die Brust und sprach: ‚Gott, vergib mir! Ich bin ein Mensch, der voller Schuld ist.' Das sage ich euch: Der Zolleinnehmer ging nach Hause und Gott hatte ihm seine Schuld vergeben – im Unterschied zu dem Pharisäer. Denn wer sich selbst groß macht, wird von Gott unbedeutend gemacht. Aber wer sich selbst unbedeutend macht, wird von Gott groß gemacht werden."

Sich selbst zu kennen, ist eine Kunst. Ganz bewusst und freiwillig von sich selbst zu reden, fällt nicht allen leicht. Ich bin gespannt auf die Interviews nach dem nächsten Lied.

Lied: Wohin sonst (Das Liederbuch, Nr. 12)

Interviews/O-Töne: Hier kann eine Person interviewt werden, die einen Freiwilligendienst gemacht hat oder gerade macht. Sie kann nach ihren Erfahrungen, nach Schwierigkeiten, eindrücklichen Erlebnissen gefragt werden. Die Frage, warum es sich lohnt, sich freiwillig zu engagieren, kann ebenfalls interessant sein.

Alternativ oder zusätzlich kann auf „frei.willig.weg" verwiesen werden, ein YouTube-Channel des Formats „Funk", in dem in einer Art Video-Blog zwei junge Erwachsene ein Jahr in ihrem Freiwilligendienst im Ausland begleitet werden. Eine dieser Freiwilligen, Philo, war in unserem Gottesdienst anwesend und wurde interviewt. Videos von Philo und Philipp sind noch zu finden unter www.rundfunk.evangelisch.de/kirche-im-internet/frei-willig-weg.

Eventuell kann an Interviews oder Videos angeknüpft werden. Zum Beispiel sind auf dem Facebook-Auftritt von „ran ans Leben – Diakonie" einige Kurzvideos zu finden, die junge Freiwillige in ihren Tätigkeiten (in der Jugendhilfe, Altenpflege …) zeigen und in denen sie über ihren Alltag und ihre Motivation erzählen (. www.facebook.com/ranansleben.diakonie).

Weitere Impulse und Testimonials sind im Beitrag „Prüft alles – was mache ich nach dem Schulabschluss?" zu finden.

Wortspiel: Im Gottesdienstraum werden die Menschen in drei Gruppen eingeteilt, z.B. rechte und linke Seite und die Empore. Mit jeder Seite wird das laute Rufen eines Wortes schnell eingeübt. Die einen rufen „frei", die anderen dann „will" und ich die dritten „ich". Daraus wird zunächst das Wort „frei-will-ig" gebildet und zwei Mal laut wiederholt. Dann werden die Wortteile neu zusammengesetzt (beliebig), nach einer kurzen szenischen Pause ruft die Moderation dann die Menschen auf zu: „ich" „will" „frei" und ergänzt am Mikro „sein".

War das jetzt wirklich freiwillig? Oder eher, weil ich es gesagt habe – oder weil da jemand anderes mitgemacht hat?

Was will ich? Weiß ich das immer? Und wenn ich diese Frage in der Kirche stelle, ist auch immer die große Frage: Glaube ich „freiwillig"? Folge ich Jesus freiwillig nach oder will ich eigentlich etwas anderes?

Ganz viele Leute kamen zu Jesus, als er auf unserer Welt unterwegs war, und haben gesagt: „Ich finde das so beeindruckend, ich will dir folgen!" Ich will – frei ... will ... ich dir folgen. Und Jesus sagte zu einem von ihnen: „Du weißt gar nicht, was du sagst, denn: Du kannst die Konsequenzen gar nicht abschätzen: „Die Füchse haben ihren Bau und die Vögel haben ihr Nest. Aber der Menschensohn hat keinen Ort, wo er sich ausruhen kann" (Mt 8,20 BB). Kannst du die Konsequenzen abschätzen?

Viele von euch, die heute hier sind, sind vermutlich Konfis, die von ihren Pfarrpersonen hierhergeführt wurden (Danke!). Ihr habt die Gelegenheit, in diesem Jahr zu erfahren, was es bedeuten kann „zu folgen". Nicht so wie bei euren Eltern („Räumt jetzt das Zimmer auf!"), sondern: Jesus zu folgen, der ins Leben ruft.

Ich möchte mit einer Geschichte aufhören, die ich vor wenigen Wochen erfahren habe: Ein Mensch wurde ausgezeichnet und konnte seinen Preis gar nicht entgegennehmen, da er im Gefängnis saß.

Kurz die Geschichte nacherzählen vom Feuerwehrmann Manuel Blanco aus Spanien, der vor der griechischen Küste Leben rettet und der Schlepperei angeklagt wurde. Seine Antwort: „Was soll ich meinem Kind sagen, wenn es mich fragt: ‚Wo bist du gewesen?'". (www.zeit.de/2017/02/griechenland-fluechtlinge-helfer-gericht-manuel-blanco)

Ich glaube, wir alle haben bestimmte Begabungen bekommen. Und wir alle haben den Ruf, etwas Bestimmtes zu tun: mit sich und aus sich. Wie schön ist es, wenn wir dann dastehen und sagen: „Ich mach genau das richtige – freiwillig." Denn unser Leben ist ein Privileg.

Lied:	Das Privileg zu sein (Feiert Jesus 4!, Nr. 156)
Abschluss mit dem Vaterunser:	Einladung, in verschiedenen Sprachen zu beten (auch in Gebärdensprache).
Informationen:	Opfer / Freiwilligendienste (Info-Material) / evtl. Programmhinweise
Segen:	Zum Segen lade ich euch ein, die rechte Hand zum Himmel zu heben und sanft bei eurer Nachbarin oder eurem Nachbarn auf die Schulter zu legen. Bitte nehmt die linke Hand vor euch und bildet damit eine Schale. Die linke Hand, die so nah am Herzen ist, empfängt den Segen Gottes – lässt ihn durch deinen ganzen Körper fließen und gibt ihn mit der rechten Hand an deine Nachbarin / deinen Nachbarn weiter.
Musik als Ausklang:	Beautiful Things (Das Liederbuch, Nr. 135)

MATTHIAS RUMM UND RALF BENNECKE MIT TEAM, UNTER MITARBEIT VON PATER JÖRG WIDMANN SDB

Inklusions-Check

Wie inklusiv ist (m)eine Kirchengemeinde?

Textbeitrag

Im Jahr 2009 trat die UN-Behindertenrechtskonvention in Deutschland in Kraft. Seither wird vor allem im Blick auf Behinderung von Inklusion gesprochen. Dabei ist Inklusion ein weiter Begriff und meint so viel mehr. Neben einer Behinderung gibt es andere Eigenschaften von uns Menschen, die unter diesen Begriff fallen: Wen wir begehren (sexuelle Orientierung), wo wir herkommen (Herkunft), wie wir aussehen, welches Geschlecht wir haben und wie viel Geld wir haben (Klassismus). Alle Menschen sind unterschiedlich und haben daher auch unterschiedliche Merkmale. Nichtsdestotrotz sollen alle Menschen die gleichen Rechte und Chancen haben und bekommen. Wenn von Inklusion gesprochen wird, geht es also um das selbstverständliche Zusammensein von Menschen und Teilhabe von Anfang an. Niemand soll ausgeschlossen werden.

„Zu uns kann jede und jeder kommen!" Dieser Satz ist in der Kirche weit verbreitet. Es ist allerdings Schweigen angesagt, wenn Nachfragen kommen wie: „Kann auch ein Kind mit Rollstuhl ins Zeltlager mitfahren?" „Kann eine Jugendliche mit einer Sehbehinderung an der Konfi-Zeit teilnehmen?" „Wie ist die Zimmereinteilung geplant, wenn sich eine jugendliche Trans-Person anmeldet?"

Kirchengemeinden sind häufig tendenziell exklusiv und sprechen nur bestimmte Zielgruppen oder Personen mit einer bestimmten theologischen Prägung an.

Kirchengemeinden sind häufig tendenziell exklusiv und sprechen nur bestimmte Zielgruppen oder Personen mit einer bestimmten theologischen Prägung an. Inklusion heißt aber nun mal, dass alle teilhaben und mitgestalten. Wer sich vor Ort in der Kirchengemeinde auf den Weg zu Inklusion macht, prüft einmal: Was haben wir schon? Was geht gut? Und an anderen Stellen wird gecheckt, was es noch braucht. Der nachfolgende Inklusions-Check soll ein paar Anregungen geben, sich mit der Konfi-Gruppe auf den Weg zu machen.

Check 1: „Behinderter Mensch" oder „Mensch mit Behinderung" – was sage ich?

Methode: Kugellager

Ablauf: Die Konfi-Gruppe verteilt sich im Raum und bildet zwei Kreise, einen Innen- und einen Außenkreis, sodass alle Jugendlichen ein Gegenüberhaben. Die Gruppenleitung stellt eine Frage und sobald sie das Gespräch freigibt, tauschen sich die beiden Gegenüber über das Thema aus.

Nach einigen Minuten gibt die Gruppenleitung ein akustisches Signal, woraufhin die Jugendlichen im Innenkreis im Uhrzeigersinn weiterrücken. Mit dem neuen Gegenüber beginnt das Gespräch zu einer weiteren Frage. Jede Gesprächsphase dauert etwa 3–5 Minuten.

Fragen für die Gesprächsphasen:

- Wie sprichst du über Menschen mit Behinderung?
- Welche Begriffe verwendest du?
- Hast du schon einmal einen Menschen mit Behinderung gefragt, welche Bezeichnung sie oder er für sich selbst wählen würde?
- Hast du schon einmal darüber nachgedacht, wie sich Menschen mit Behinderung fühlen, wenn du ihnen bestimmte Bezeichnungen zuschreibst?

Impuls zur Reflexion / zum Austausch: „Behindert" ist in erster Linie eine Selbstbezeichnung. Viele möchten als „Mensch mit Behinderung" bezeichnet werden, da bei dieser Bezeichnung der Mensch im Vordergrund steht. Andere wählen für sich „behinderter Mensch", da in dieser Bezeichnung zum Ausdruck kommt, dass der Mensch von der Gesellschaft behindert wird. Das Wort „behindert" sollte auf keinen Fall als Schimpfwort verwendet werden.

Tipp für die Gesprächsleitung: Die Gesprächsleitung sollte sich vor dem Gespräch selbst die Fragen gestellt und für sich beantwortet haben. Vor allem sollte sie darauf achten, keine Euphemismen für Behinderung wie „besondere Bedürfnisse", „Handicap" oder „Beeinträchtigung" zu verwenden. Die Verwendung von Euphemismen impliziert nämlich, dass eine Behinderung etwas Negatives ist, was aus diesem Grund beschönigt werden muss. Im Gespräch kann herausgearbeitet werden, dass Menschen unterschiedliche Empfindungen haben und diese sich im Lauf der Zeit verändern können, weshalb sich dann auch die Selbstbezeichnung verändern kann. Wichtig ist, zu betonen, dass Bezeichnungen andere Menschen verletzen und diskriminieren können.

Check 2: Was ist Behinderung?

Tipp für die Gesprächsleitung: Über das Thema „Behinderung" zu sprechen ist wichtig, aber leider nicht selbstverständlich. Aus Unsicherheit und aus Sorge, Menschen mit Behinderung zu stigmatisieren, wird häufig gar nicht darüber gesprochen. Wertschätzend über Behinderung zu sprechen, heißt, die individuelle Situation und bestehende Teilhabe des Menschen zu thematisieren, anstatt nur die körperlichen Defizite in den Vordergrund zu stellen. Behinderung sollte beispielsweise nicht als Krankheit erklärt werden. Mit den Konfis kann folgender Textauszug gelesen werden, um darüber ins Gespräch zu kommen, dass Behinderung ein medizinisches und ein soziales Modell hat:

„Behindert" ist ein Wort, das wir manchmal hören.

Aber was bedeutet das eigentlich?

Es gibt verschieden Sichtweisen auf Behinderung.

Manche Menschen sagen: „Die Behinderung liegt in der Person selbst."

Zum Beispiel, weil ihr Körper nicht so funktioniert wie bei anderen Menschen. In der Fachsprache sagt man dazu: Das ist das medizinische Modell der Behinderung.

Andere Menschen sagen:

„Die Behinderung entsteht durch die Umwelt." Die Umwelt ist nicht an die Bedürfnisse von behinderten Menschen angepasst. Zum Beispiel, wenn es viele Treppen gibt, aber keine Rampe. Dann ist das eine Barriere. Dann werden Menschen im Rollstuhl behindert. In der Fachsprache sagt man dazu: Das ist das soziale Modell der Behinderung.

Viele Menschen haben Angst, das Wort „behindert" zu benutzen. Sie haben Angst, behinderte Menschen zu beleidigen. Aber: „Behindert" drückt aus, dass Menschen durch das Umfeld behindert werden. Deshalb ist es eigentlich gut. Alle müssen lernen: „Behindert" soll nie als Schimpfwort benutzt werden![10]

Check 3: Wie barrierefrei ist unser Gemeindehaus / unsere Kirche?

Barrierefreiheit ist ein wichtiges Wort auf dem Weg zu einem inklusiven Angebot. Barrieren gibt es im täglichen Leben viele: in den Köpfen, in Gebäuden, in der Sprache, in Zugängen zu Angeboten. Sie zu erkennen und abzubauen, ist das Ziel von Inklusion.

Aufgabe: Geht durch die Räume im Gemeindehaus und in der Kirche. Achtet einmal darauf:

- Welche Barrieren erkennt ihr? Gibt es z.B. Treppen? Wenn ja, wie viele? Gibt es eine Möglichkeit, die Treppen zu vermeiden? Gibt es eine Rampe, einen Aufzug o.Ä.?
- Ist unser Gruppenraum für alle zugänglich?
- Kann man mit dem öffentlichen Nahverkehr gut zu uns kommen?
- Wie könnten die gefundenen Barrieren abgebaut werden?
- Was können wir vielleicht ganz einfach selbst ändern?
- Wo brauchen wir Hilfe und von wem?

Check 4: Wie offen sind die Angebote in (m)einer Kirchengemeinde?

Angebote für Jugendliche sollen sich an alle jungen Menschen richten. Damit dies gelingt, wird mit Werbung für die Angebote eingeladen. Diese sollte alle Jugendlichen erreichen. Hat dich schon einmal Werbung aus der Kirchengemeinde erreicht?

Aufgabe: Nehmt die ausliegende Werbung im Gemeindehaus und in der Kirche wahr. Schaut auch – wenn vorhanden – den Schaukasten an. Beantwortet folgende Fragen:

- Wie werden Jugendliche auf die Angebote in der Kirchengemeinde aufmerksam? Gibt es Social Media-Accounts, Flyer usw.?
- Wird in der Werbung sichtbar, dass alle Jugendlichen willkommen sind?
- Wen erreicht die Werbung nicht? Habt ihr Ideen, wie das geändert werden könnte?
- Strahlt die Werbung Freundlichkeit und Offenheit aus? Ist z.B. die Sprache verständlich?

Check 5: Wie inklusiv ist unsere Konfi-Zeit?

Inklusion heißt Teilhabe und Teilhabe entsteht durch Teilhabe, d.h. mitmachen, dabei sein und mitgestalten. In der Konfi-Zeit steht ihr Konfirmandinnen und Konfirmanden im Mittelpunkt. An euren Interessen sollte sich die Konfi-Zeit ausrichten.

- Wie könntet ihr selbst in der Konfi-Zeit mitwirken?
- Wird auf eure Fragen und Themen in der Konfi-Zeit eingegangen?
- Wie seid ihr bei der Programmplanung beteiligt?
- Was könnten Interessen von Jugendlichen sein, die bisher nicht in die Konfi-Zeit kommen?

---

10 Maskos, Rebecca / Kaiser Mareice: „Bist du behindert, oder was?" Kinder inklusiv stärken und ableismussensibel begleiten, Familiar Faces Verlag, Berlin 2023, S. 20–21. Mit freundlicher Genehmigung des Familiar Faces Verlags.

Check 6: Checkst du noch, was du gecheckt hast?

Nachdem alle Checks durchgeführt wurden, lohnt es sich noch einmal festzuhalten:

- Was können wir im Blick auf Inklusion schon richtig gut?
- An welchen Stellen haben wir noch Luft nach oben?
- Welche konkreten Schritte wollen wir (als Konfi-Gruppe) wagen?

Und zum Schluss ...

Inklusion ist ein Prozess, d.h. immer wieder wird nach Wegen gesucht. Auch wenn beim Inklusions-Check raus-kam, dass manches (noch) nicht geht, ist vieles möglich. Inklusion wird nur dann möglich, wenn Kirchenge-meinden anfangen, ihre Haltung zu verändern und etwas Neues zu wagen.

SYLVIA NÖLKE

Inklusion wird nur dann möglich, wenn Kirchen-gemeinden anfangen, ihre Haltung zu verändern.

Die Jahreslosung umgesetzt für (JUNGE) ERWACHSENE

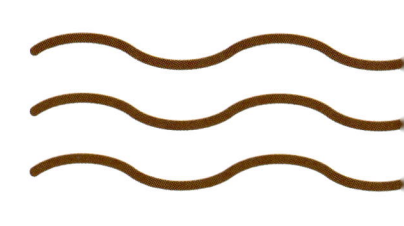

„Prüft alles – was mache ich nach dem Schulabschluss?"

Gute Worte für junge Menschen

Text- und Bildbeitrag

Wer erwachsen wird, trifft Entscheidungen. Wer oder was bin ich? Wie lange wohne ich zu Hause? Mit wem will ich zusammenleben? Welcher Beruf, welches Praktikum, welcher Weg?

Gerade junge Erwachsene stehen vor einer Vielzahl von Entscheidungen. Einige kommen dabei auch in Kontakt zu diakonischen Beratungsstellen.

Da ist die junge Frau, die, kurz bevor sie von zu Hause auszieht, nochmals mit der Trennung der Eltern in eine Krise gerät. Sie muss für sich klären, wer sie ist und wo „ihr Hafen" ist. Sie prüft für sich verschiedene Wohnorte und die unterschiedliche Nähe zu ihren Elternteilen. In der psychologischen Beratung schauen wir meist systemisch auf die Ressourcen von Lebenssituationen.

Ein junger Mann, Mitte 20, sucht die psychologische Beratung auf, als er kurz davor ist, sein Studium abzuschließen. In allem Studieren hat er sein Ziel aus den Augen verloren. Was will er eigentlich? Ist Lehrer wirklich seins? Gemeinsam mit der Beraterin wägt er ab, was in ihm für Gefühle sind, was für Hintergründe und Motivationen und was ihm zur Entscheidung helfen kann. Wie gut, in einer Entscheidungsphase nicht allein zu sein.

Besonders deutlich wird dies vielleicht im größten Dilemma, das in diakonischer Beratung eine Entscheidung um Leben und Tod mit sich bringt: im Schwangerschaftskonflikt. In unserer Beratungsstelle arbeiten zwei Fachkräfte mit langjähriger Erfahrung. Sie hören aktiv zu, fragen empathisch nach und haben dabei einen klaren Wertehorizont: Sie lieben das Leben und Gottes Zusage fürs Leben. Aus aller Erfahrung heraus wissen sie aber auch, dass Leben manchmal Leben entgegensteht. Es sind ganz selten die 15- bis 18-Jährigen, die schwanger werden und ihren Konflikt bearbeiten müssen. Die meisten Frauen sind zwischen 25 und 35 Jahren, meist schon Mütter und eigentlich fertig mit der Familienplanung. Und dann ist doch alles anders. Wie will ich in dieser Situation angemessen prüfen? Wenn Hormone durch den Körper jagen und unendliche viele Fragen, Ängste und Sorgen im Raum sind. Da braucht es ein Gegenüber, das gut zuhört und nachfragt. Das beim Prüfen hilft, und nicht schon immer die Antwort eindeutig weiß.

Drei unterschiedliche Situationen von jungen Erwachsenen, die uns in der Diakonie begegnen. Im Nacherzählen wurden Details anonymisiert.

Im Folgenden berichten zwei junge Erwachsene von ihren Entscheidungswegen mit neuen beruflichen Situationen:

Prüft alles – Wer bin ich – und was will ich sein?
Bianca

Mein Name ist Bianca Nabholz und ich bin 26 Jahre jung. Mit der Frage, was ich einmal sein möchte – gerade auf meine berufliche Laufbahn bezogen – habe ich mich intensiv auseinandergesetzt und gelernt, dass es oft Zeit braucht, das Richtige zu finden, aber dass man seinem Bauchgefühl folgen sollte und neugierig bleiben darf!

Schon immer bin ich ein kreativer Mensch, aber auch gesellig, extrovertiert und zielstrebig. Ich wollte viel von der Welt sehen und war schon mit 15 Jahren in Kolumbien zum Schüleraustausch. Auch sonst war ich immer unterwegs, sofern das möglich war.

Nach dem Abitur durfte ich eine unvergessliche Reise mit meiner Oma machen, auf der ich zufällig meinen zukünftigen Chef kennenlernte und kurzer Hand noch in Südafrika meine Ausbildungsstelle zur Tourismuskauffrau fixierte. Die Arbeit hatte mir anfangs viel Spaß gemacht. Ich hatte tolle Kollegen, lernte viel und schnell – sowohl über den Umgang mit Kundinnen und Kunden, als auch über neue Destinationen ... Doch im Laufe des letzten Lehrjahres begann ich zu grübeln: „War das jetzt alles? Werde ich den Rest meines Lebens Reisen verkaufen?" Und da war mir eigentlich schon klar, dass es das nicht gewesen sein kann. Mir fehlte es, etwas eigenhändig zu schaffen, einen Fortschritt zu sehen und nicht nur vor dem PC zu sitzen.

Schon nach dem Abi spielte ich kurz mit dem Gedanken einer handwerklichen Ausbildung. Und dieser Gedanke ploppte immer wieder auf. Dann kam alles recht spontan. Ich sagte beim Essen ganz unerwartet zu meinen Eltern: „Was, wenn ich im Reisebüro kündige und Schreinerin werde?"

Es war so eine Schnapsidee, die ich dann schneller umgesetzt habe als gedacht. Meine kaufmännische Ausbildung war erfolgreich abgeschlossen und ich dachte, wenn ich jetzt nicht kündige und neu starte, dann mach ich's gar nicht mehr.

Für mich stand fest: Wenn ich Tischlerin werde, dann möchte ich nach Vorarlberg. Hier hat das Handwerk einen höheren Stellenwert und gerade in der Region um den Bregenzer Wald lag aus meiner Sicht ein so hoher Fokus im Holz-Handwerk.

Ich suchte nach geeigneten Betrieben und schnupperte bei sechs verschiedenen Tischlereien, bis ich mich entschieden habe. So startete ich meinen neuen Lebensabschnitt im schönen „Ländle". Im Grunde kann man sagen, dass dieser anfangs leichtsinnige Gedanke, nochmals völlig von vorn anzufangen, im Nachhinein die beste Entscheidung für meinen Weg war! Mein Prüfen lag darin, den für mich passenden Betrieb zu finden. Ein freundliches Umfeld, kreative Arbeit und vor allem abwechslungsreiche Aufträge. Eine große Unterstützung in meinen Entscheidungen waren natürlich meine Familie und meine Freunde. Die Idee wurde überall bestaunt, alle sagten „Ja, Bianca, mach das!" Und doch hatte ich natürlich auch Ängste. „Was, wenn das doch nicht das ist, was ich mir vorstelle? Was, wenn ich das nicht kann? Eine junge, zierliche Frau im Handwerk?" Außerdem stand der finanzielle Rückschritt vom sicheren Job zu einer neuen Ausbildung im Raum.

Doch wer nicht wagt, der nicht gewinnt – ein so schlauer Satz von meinem Papa, den ich heute allen mit auf den Weg geben würde, die unsicher in ihren Entscheidungen sind.

Klar gibt es täglich neue Herausforderungen, aber ohne die wäre der Alltag doch langweilig, nicht? Mittlerweile bin ich Tischlereitechnikerin und bestand all meine Prüfungen mit gutem Erfolg. Schon während der Ausbildung erhielt ich Preise bei verschiedenen Lehrlingswettbewerben und auch mein Gesellenstück wurde prämiert. All das zeigt mir, dass ich hier schon richtig bin bei dem, was ich mache. Ich glaube, es ist wichtig, dass man dranbleibt und dass man an sich glaubt. Wenn man Spaß an etwas hat, ist man auch gut darin.

Im September starte ich nun meinen Meister in Hallstatt und bin neugierig auf das, was da noch kommt!

Lorena

Inmitten eines Ozeans voller Möglichkeiten glaubt man manchmal unterzugehen. Da ist so vieles, was einen fasziniert, inspiriert und die innere Neugierde weckt. Ich kann verstehen, dass dies total überfordernd sein kann und bei der Entscheidungsfindung immer wieder Fragen aufwirft. Sicher haben sich viele von euch schon gefragt: Was will ich werden / was will ich sein?

Nach meinem Abitur habe ich mit voller Freude und Überzeugung das Studium für Medien- und Kommunikationsdesign begonnen in dem Glauben, meine wahre Erfüllung und Leidenschaft darin zu finden. Denn kreativ zu arbeiten sowie die bunte Medienwelt zu erkunden, haben mich von Anfang an begeistert. Ich hatte Freude daran, doch als ich einen Job im Community Management beim Kinderhilfswerk Deutschland annahm, änderte sich meine Einstellung sehr schnell. Die Tage waren nicht mehr erfüllt von dem Erschaffen von ansprechenden Grafiken oder dem Produzieren unterhaltsamer Videos. Stattdessen war ich mit Beiträgen von Kriegs- und Krisengebieten sowie der hasserfüllten Welt der Kommentarspalten konfrontiert. Das Leid der Kinder berührte mich zutiefst und ich begann, meine Berufswahl zu hinterfragen.

Nach und nach wurden die Zweifel immer lauter und ich begann zu straucheln. Gedanken brachen wie Wellen über mir zusammen: Ist die Medienwelt noch das Richtige für mich? Erfüllt es mich, Beiträge zu erstellen und täglich meine Zeit auf Social Media zu verbringen? Habe ich die richtige Wahl getroffen? War es nicht auch immer mein Traum, mit Kindern zu arbeiten? Bin ich vielleicht schon zu weit gegangen, um nochmal von vorn anzufangen?

Ich begann, in mich zu gehen, zu beten sowie meine Gedanken zu sortieren und aufzuschreiben. Der Gedanke, dass Gott keine Fehler macht und alle von uns einen einzigartigen Lebensweg haben, half mir damals sehr. Langsam fing ich an zu verstehen, dass es den einen Weg nicht gibt. Gott gibt uns die Freiheit, verschiedene Dinge auszuprobieren, weshalb ich mich dazu entschied, mir selbst die Erlaubnis zu geben, diese Freiheit zu leben, meine Entscheidungen zu durchdenken und aufs Neue zu betrachten. Daraufhin fing ich an, mit Freunden und Familie über meine Sehnsüchte zu sprechen und erzählte ihnen von meiner Entscheidung, einen Berufswechsel in den sozialen Bereich zu machen.

Ich verließ Köln, zog zurück in meine Heimatstadt und begann, an einer Schule für Menschen mit Beeinträchtigung als Schulbegleiterin zu arbeiten. Schnell wurde mir bewusst, dass ich unglaublich viel Freude bei der Arbeit empfand und entschied daraufhin, eine Ausbildung als Erzieherin zu machen. Nun, im ersten Ausbildungsjahr, bin ich voller Freude darüber, den Mut gehabt zu haben, eine neue Richtung einzuschlagen. Wohin dieser Weg mich letztendlich führen wird, bleibt ungewiss, doch spüre ich, dass er mich näher zu Gott und zu meinem wahren Selbst bringt.

Wenn ich in dieser Zeit etwas ganz Besonders gelernt habe, dann ist es, darauf zu vertrauen, dass die Wellen des Lebens mich tragen, und festzuhalten an dem Guten, das mein Herz erhellt.

Prüft alles – Junge Menschen engagieren sich für andere in Freiwilligendiensten

Wie geht es für dich nach der Schule weiter? Entscheidest du dich für eine Ausbildung oder für ein Studium? Oder schiebst du ein Jahr ein, das „für dich. für andere." ein Gewinn ist? Im EJW gibt es dafür viele Möglichkeiten in Bezirks- und Stadtjugendwerken, CVJM, Kirchengemeinden, Kindergärten, Freizeitheimen und einzelnen Schulen.

Ein Freiwilligendienst lohnt sich, weil er dir die Chance bietet, zu prüfen, was du als nächstes machen willst. Außerdem kannst du anderen etwas Gutes tun und dich mit dem Glauben an Gott auseinandersetzen.

Ein Jahr für dich selbst
Ein Freiwilligendienst bietet dir die Möglichkeit, deine Stärken einzusetzen, Neues zu wagen und über dich hinauszuwachsen. Du hast Zeit, dich auszuprobieren, dich noch besser kennenzulernen und berufliche Orientierung zu finden. Du kannst in deiner Persönlichkeit wachsen und wirst dabei gut begleitet.

Ein Jahr für andere
Du arbeitest im Team mit ehren- und hauptamtlichen Mitarbeitenden.

Du entdeckst, dass es guttut, dich für Kinder und Jugendliche zu engagieren. Die Begegnung mit anderen bereichert dein Leben. Und andere spüren dein Engagement und deine Motivation.

Ein Jahr, um Gott zu begegnen

Die Zeit im Freiwilligendienst des EJW bietet dir verschiedene Möglichkeiten, Gott zu begegnen. Du bist mit deinen Erfahrungen, Fragen und Zweifeln willkommen. Du kannst dich mit dem Glauben an Gott auseinandersetzen und eine eigene Haltung dazu finden.

Michael Lendle erzählt von seinem Freiwilligendienst

Ich habe mein FSJ (Freiwilliges Soziales Jahr) 2022/23 im Evangelischen Bezirksjugendwerk Weinsberg absolviert, wo ich auch zuvor schon als ehrenamtlicher Mitarbeiter tätig war. Diese Zeit war für mich eine sehr wertvolle Zeit voller Begegnungen, neuer Erfahrungen und Aufgaben, an denen ich wachsen konnte.

Prüft alles ...

Für mich stand vor meinem Freiwilligendienst fest, welchen beruflichen Weg ich einschlagen möchte und welchen Studiengang ich dazu studieren möchte. Nach kurzer Zeit im Studium stellte ich fest, dass ich nicht wirklich sicher bin, ob dieser Weg der richtige für mich ist. Umso dankbarer war und bin ich, dass sich mir an dieser Stelle eine Möglichkeit aufgetan hat, ein FSJ anzufangen und dabei meine Entscheidung zu überprüfen.

... und behaltet das Gute

Es ist doch erstaunlich, was in einem Jahr alles passieren und was man alles erleben kann: Egal ob Jugendgottesdienst, Jungschar, Kinder- und Teeniefreizeit, Konfi-Camp, Kinderbibeltage, Schulungen usw.; die Möglichkeiten, selbst Spuren zu hinterlassen, sind enorm. Besonders hervorheben möchte ich die scheinbar grenzenlose Unterstützung, die ich sowohl in der Einsatzstelle in Weinsberg sowie im Evangelischen Jugendwerk in Württemberg und den dazugehörenden Seminaren erfahren konnte. Mit dieser Hilfe und einigen wertvollen Gesprächen konnte ich so meine Stärken und Interessen entdecken und letztlich eine gute Entscheidung treffen, dass ich mich auch beruflich in diesem Bereich bewegen möchte.

Ein Jahr Freiwilligendienst – für mich ein Jahr in allen Punkten sinnvoll investierte Zeit: Für mich, für andere, für Gott.

Freiwilligendienst in der Diakonie

Auch in der Diakonie kann in vielen verschiedenen Bereichen ein Freiwilligendienst gemacht werden.

Du suchst deinen Weg für morgen?

Du bist bald mit der Schule fertig? Steckst mitten in der Ausbildung oder einem Studium, bist aber nicht ganz sicher, was als nächstes kommen soll? Du hast Fragen über Fragen? Damit lassen wir dich nicht allein.

Wir wollen dich ermutigen, dich selbst zu finden – und deinen eigenen Weg. Probier dich aus. Entdecke deine Stärken. Bekomm ein Gefühl für die Sache, die dich antreibt. Erst dann wirst du wissen, was du wirklich machen willst. Wir begleiten dich auf diesem Weg.

Ein Freiwilligendienst als Sprungbrett

Egal ob ein Freiwilliges Soziales Jahr (FSJ), ein Bundesfreiwilligendienst (BFD) oder ein Freiwilliges Ökologisches Jahr (FÖJ). Ein Freiwilligendienst bei der Diakonie Württemberg hilft dir, herauszufinden, was deine Talente sind und was dich begeistert. Du kannst dich ausprobieren, lernst, dich besser einzuschätzen und bekommst so Vertrauen in deine Fähigkeiten.

Du zählst

Schulabschluss, Noten oder Konfession spielen bei uns keine Rolle – ebenso wenig spezielle Vorerfahrungen oder Praktika. Nur mindestens 16 Jahre alt solltest du zu Beginn deines Freiwilligendienstes sein.

Zeitlich flexibel

Entscheide du, wann du starten willst und wie lange dein Freiwilligendienst dauert (6–18 Monate).

Monatliches Taschengeld

Erhalte 500 € monatlich als Taschengeld, für Verpflegung und Fahrtkosten.

Bildungstage und persönliche Begleitung

Profitiere von einer persönlichen Ansprechperson für alle deine Anliegen und von Bildungstagen gemeinsam mit anderen Freiwilligen: sich miteinander über die Arbeit austauschen, sich mit fachlichen Themen beschäftigen, Zukunftspläne schmieden, Spaß haben und die kleinen Auszeiten gemeinsam genießen.

Finde, was zu dir passt

Wähle zwischen ganz unterschiedlichen Einsatzmöglichkeiten: von Tätigkeiten in den verschiedensten sozialen Arbeitsfeldern, in Kirche und Gemeinde, über „irgendwas mit Medien" bis hin zum Umweltschutz.

Und wenn du noch keinen Plan und viele Fragen hast?

Kein Problem, bewirb dich einfach ganz unverbindlich. Bei einem Online-Termin finden wir gemeinsam Antworten auf alle deine Fragen.

 Diakonisches Werk Württemberg,
Heilbronner Str. 180, 70191 Stuttgart
www.ran-ans-leben-diakonie.de
freiwillig@diakonie-wue.de, 0711 1656-600
WhatsApp: 01607698831
Instagram: @ranansleben_diakonie

Hanna (19) – macht Freiwilligendienst in einer Suchtberatungsstelle

Ich bin Hanna, 19 Jahre alt und mache meinen Freiwilligendienst in einer Suchtberatungsstelle.

Nach der Schule wollte ich nicht direkt in eine Ausbildung oder ein Studium starten – deshalb erst mal ein Freiwilligendienst!

Besonders gut gefällt mir, dass meine Einsatzstelle abwechslungsreich ist. Ich komme in Kontakt mit verschiedensten Menschen und höre ihre Geschichten. Das beeindruckt mich jedes Mal!

Natürlich gibt es schwere Schicksale, die mich länger beschäftigen. Mit der Zeit findet man aber Wege, damit umzugehen. Meine Kolleginnen und Kollegen und andere Freiwillige aus den Seminaren unterstützen mich dabei. Mir gefällt außerdem, dass ich sehr selbständig arbeiten darf und mir viel zugetraut wird.

Ich habe gelernt, dass die meisten Klischees keinen wahren Kern haben. Vorurteile halten sich leider sehr hartnäckig, da den meisten Menschen der wirkliche Kontakt zu Betroffenen fehlt. Der Freiwilligendienst ist eine gute Möglichkeit, um Vorurteile zu überwinden. Ich kann allen empfehlen, den Schritt aus der eigenen Komfortzone zu wagen!

Tony (20) – arbeitet mit Seniorinnen und Senioren mit geistiger Behinderung

Mein Name ist Tony. Ich bin 20 Jahre alt und mache mein FSJ in der Offenen Hilfe Heilbronn. In meiner Einsatzstelle geht es um die Alltagsbegleitung von Seniorinnen und Senioren mit einer geistigen Behinderung.

Ich bin täglich im Austausch mit unseren Klientinnen und Klienten. Nach einer gewissen Zeit ist durch verschiedene gemeinsame Freizeitaktivitäten (wie Spiele spielen, Stadtbummel und gemeinsam Fahrrad fahren) ein gegenseitiges Vertrauen entstanden. Die Seniorinnen und Senioren erzählen von ihrem Leben, von schönen und traurigen Erfahrungen und teilen ihre Ängste, Sorgen und Herausforderungen. Manche ihrer Alltagstipps sind inzwischen zur Routine in meinem Alltag geworden.

Durch meine Freiwilligendienst habe ich begonnen, die Menschen und die Umgebung anders wahrzunehmen. In vielen Situationen fallen mir Dinge neu auf: Ist dieser Einkaufsladen barrierefrei? Kommt die Person mit Rollator selbstständig in den Bus? Ich habe gelernt, mit offenen Augen durch die Welt zu gehen.

MATTHIAS RUMM UND RALF BRENNECKE

Den prüfenden Blick schärfen

„Prüft alles und behaltet das Gute!" Die Jahreslosung 2025 spricht mir direkt aus dem Herz – warum? Na, weil es vermutlich kaum eine andere Bibelstelle gibt, die besser zu dem passt, was ich als Medien-Fuzzi angehenden Jugendreferentinnen/Jugendreferenten, Bundesfreiwilligendienstleistenden und Kolleginnen und Kollegenseit Jahren versuche zu vermitteln.

In den zahllosen Workshops, Dozenturen und Seminaren zum Thema „Medienpädagogik" oder auch „Medienkompetenz" geht es häufig – geplant oder spontan – auch um das Thema „Fake News" und darum, wie wir junge Menschen fit machen können, damit sie Falschmeldungen und Hetze nicht auf den Leim gehen. Letzthin habe ich im SPIEGEL einen Satz von Autor Maik Großekathöfer gelesen, der mir im Gedächtnis geblieben ist: „Wenn Wissen Macht ist, dann ist Desinformation eine Waffe."

Wer Desinformation betreibt, also Unwahres verbreitet, die oder der richtet also eine Waffe auf ihre/seine Umwelt. Im Falle des Rechtspopulismus in Deutschland, Europa und der ganzen Welt nehmen Politikerinnen und Politiker ganz gezielt junge Menschen ins Visier, die gerade noch dabei sind, ihren Platz in unserer Welt zu suchen. Leichte Beute! Ein paar einfache, verkürzte „alternative Fakten" und Versprechen hier, ein paar klare Sündenböcke dort – Stichwort „Geflüchtete" oder „elendige Gutmenschen" – und schon folgen einem viele Menschen auf der Suche nach dem, für was sie stehen möchten.

Ich finde, wenn wir, die wir als Christinnen und Christen mit jungen Menschen arbeiten und ein Interesse daran haben, dass diese Menschen die nötige Ausrüstung für ein selbstbestimmtes, glückliches Leben erhalten, da tatenlos zusehen, müssen wir uns fragen, ob wir im diakonischen Sinn richtig und verantwortungsvoll handeln.

Vertreterinnen und Vertreter der Kirche nehmen schon immer Aufgaben wahr, die von unserer Gesellschaft unzureichend erledigt werden: Hungernde speisen, Kranke pflegen, Hilfesuchenden beistehen. Da ist es in meinen Augen nur folgerichtig, wenn wir junge Menschen begleiten, die in unserem Bildungssystem nach wie vor viel zu wenig darüber lernen, was dieses kleine Gerät, auf das sie im Schnitt 224 Minuten am Tag schauen, da mit ihnen macht. Diese Zahl stammt

Wer Desinformation betreibt, also Unwahres verbreitet, die oder der richtet also eine Waffe auf ihre/seine Umwelt.

übrigens aus der „JIM-Studie 2023", die jährlich erscheint und ausgeschrieben „Jugend, Information & (Multi-) Media-Studie" heißt. Es gibt sie kostenfrei im Netz oder sogar gedruckt zum Durchblättern – wer sich also näher mit dem Thema befassen möchte, findet hier einen guten Startpunkt.

Der medienpädagogische Forschungsverband Südwest veröffentlicht seit 1998 jährlich die JIM-Studie (Jugend.Information. Medien), die einen guten Einblick in das Mediennutzungsverhalten von Jugendlichen gibt.

Aber was war jetzt eigentlich mit dem Bibelvers vom Anfang? „Prüft alles und behaltet das Gute!" Na, ihr könnt es euch vielleicht schon denken: Ein möglicher Ausweg aus der misslichen Lage, dass es immer mehr fehlgeleitete junge Menschen gibt, ist Aufklärung. Wir müssen Kindern und Jugendlichen die Ressourcen bereitstellen, die sie brauchen, um Informationen zu prüfen, Lügen zu entlarven und die guten – weil korrekten – Inhalte zu behalten. Dafür braucht es ein Problembewusstsein, geschärfte Sinne und Hilfestellungen dabei, Meldungen und Inhalte als gesichert falsch zu identifizieren.

Ein toller Ort, an dem wir, als diejenigen, die Kindern und Jugendlichen Bildungsangebote unterbreiten und ihnen beistehen, Infos finden und uns fortbilden können, ist „Klicksafe" (www.klicksafe.de). KlickSafe ist Teil eines EU-Programms, das zum Ziel hat, die Medienkompetenz junger Menschen zu fördern. Auf der Website finden sich auch Links zu anderen großartigen Angeboten wie den Fact-Checkerinnen und -Checkern von „Mimikama" (www.mimikama.at). Wer sich umfangreicher fortbilden möchte, wird vielleicht beim Evangelischen Medienhaus in Stuttgart fündig. Dort gibt es beispielsweise Grundkurse für die Medienarbeit mit Kindern (www.evmedienhaus.de/fortbildungen). Und für den ganz großen Wurf wäre dann da noch der Zertifikatskurs Medienpädagogische Praxis, kurz „mepps". Die einjährige „Blended-Learning"-Weiterbildung zum Thema „Medienpädagogik" wird von der „Clearingstelle Medienkompetenz" der Deutschen Bischofskonferenz in Kooperation mit anderen kirchlichen und säkularen Trägern angeboten. (medienkompetenz.katholisch.de).

Wie auch immer ihr handelt, ob ihr euch selbst fortbildet oder Menschen einladet, die Ahnung haben: Ihr tut den jungen Menschen, die euch am Herzen liegen, und auch unserer Gesellschaft etwas Gutes, weil ihr dazu beitragt, dass wir eine Gemeinschaft mündiger Menschen sind und bleiben. Ich finde, jeder kleine Schritt auf dem Weg dorthin lohnt sich.

JULIAN MEINHARDT

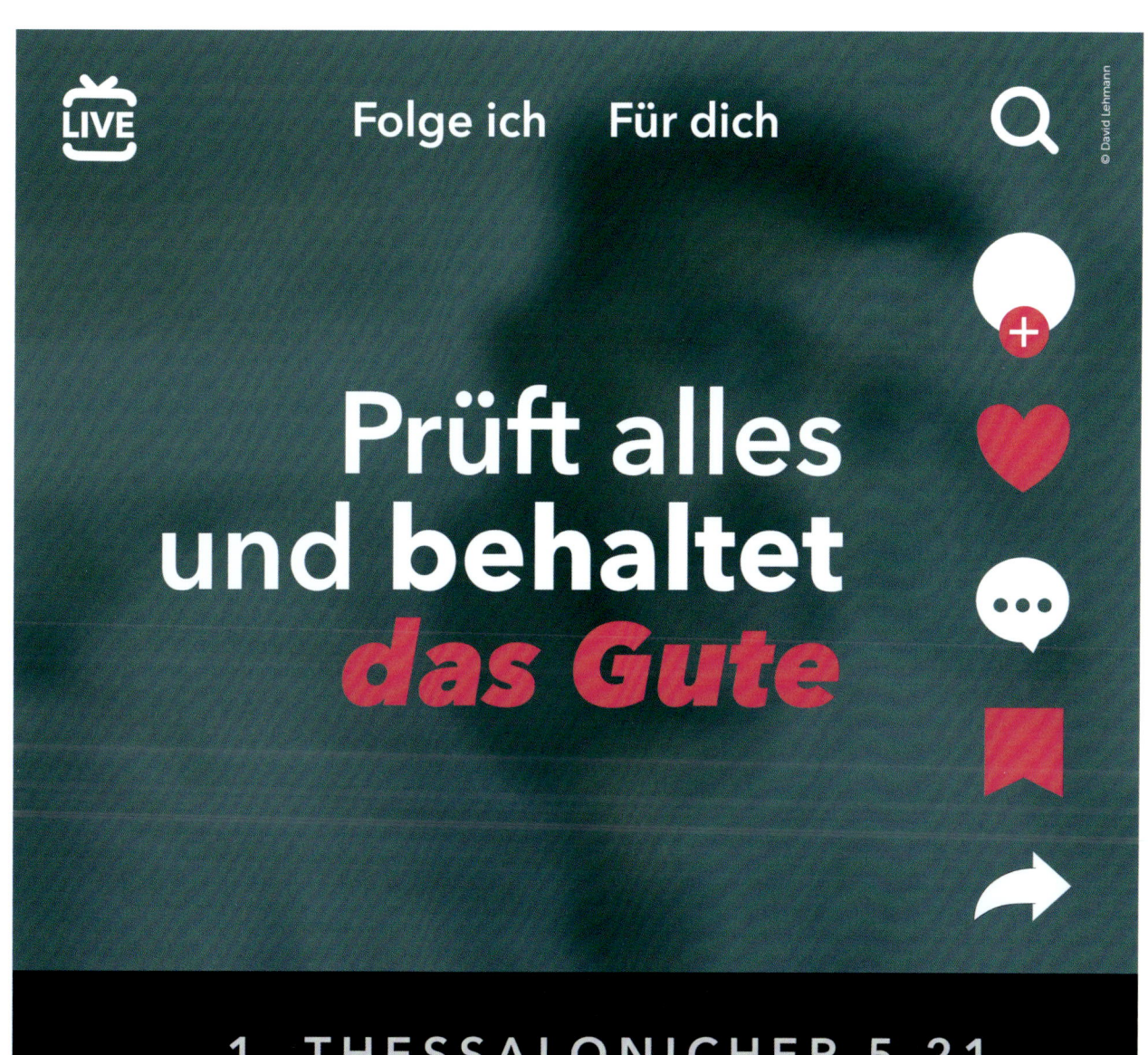

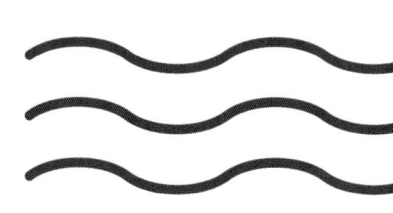

ANHANG

Die Herausgeber

Martin Grauer ist 31 Jahre alt, verheiratet und Pfarrer zur Dienstaushilfe im Ev. Jugendwerk in Württemberg. Nach seinem Bundesfreiwilligendienst studierte Martin in Tübingen, Glasgow und Greifswald Theologie. Sein Vikariat absolvierte er in Unterjettingen. Er liebt es zu predigen, Musik zu machen und Menschen zu begegnen. Er mag es, Sport zu treiben (am liebsten Fußball), schaut aber auch gern zu (am liebsten auch Fußball). Ihn begeistern gute Geschichten und bewegende Lebenszeugnisse. Über Gott, Filme und den VfB Stuttgart kann man sich stundenlang mit ihm unterhalten.

Matthias Rumm ist 49 Jahre alt, Landesjugendpfarrer und Referent für Konfi-Arbeit und Jugendarbeit im Evangelischen Oberkirchenrat Württemberg. Nach dem Abitur absolvierte Matthias seinen Zivildienst im Behindertenzentrum Stuttgart. Danach folgte das Studium der Evangelischen Theologie in Tübingen, Neuchâtel und Heidelberg. Sein Vikariat führte ihn nach Rielingshausen. Von dort ging es auf die erste Pfarrstelle nach Reutlingen. Dort war Matthias Gemeindepfarrer und hatte einen Schwerpunkt auf Jugendarbeit in der Gesamtkirchengemeinde. Nach neun Jahren folgte 2014 der Wechsel nach Stuttgart. Dort war Matthias bis 2022 Jugendpfarrer des Kirchenkreises. Matthias mag Fußball und schaut sich gern Spiele bei den „Blauen" und auch bei den „Roten" in Stuttgart an. Gartenarbeit ist ihm ein guter Ausgleich und er reist gern in Länder, die mit „Sch" beginnen, wie Schweiz oder Schweden.

Die Autorinnen und Autoren

Ralf Brennecke, Geschäftsführer des Diakonischen Werks Oberschwaben, Allgäu, Bodensee

Hans-Joachim Eißler, Landesreferent für Popularmusik im Evangelischen Jugendwerk in Württemberg (EJW)

Uli Enderle, Jugendpfarrer Esslingen

Lukas Frei, Pfarrer Oberderdingen-Großvillars

Markus Grapke, Pfarrer für Kindergottesdienst (Ev. Landeskirche Württemberg)

Gottfried Heinzmann, fachlich-theologischer Vorstand „Die Zieglerschen"

Cornelius Kuttler, Leiter des EJW

Christiane Lehmann, Pfarrerin der Jugendkirche Choy in Althengstett

Jochen Leitner, Pfarrer in Großdeinbach

Magdalena Mannsperger, Pfarrerin beim Landesverband für Kindergottesdienst Württemberg

Julian Meinhardt, EJW-Landesreferent für Öffentlichkeitsarbeit mit Schwerpunkt Video und Social-Media

Sylvia Nölke, Pfarrerin für Jugendarbeit und Diakonie, Oberteuringen

Sabine Schmalzhaf-Sievers, Landesschülerpfarrerin

Simone Schreiber, Studienrätin/Lehrerin für Deutsch und ev. Religion am Graf-Eberhard Gymnasium in Bad Urach

Tobias Schreiber, Gemeinde- und Jugendpfarrer, Bad Urach

Markus Strauß, Pfarrer Seißen/Suppingen

Matthias Weida, Jugendpfarrer Stuttgart

Pater Jörg Widmann SDB, Direktor und Personalleiter des Don Bosco Zentrums Regensburg

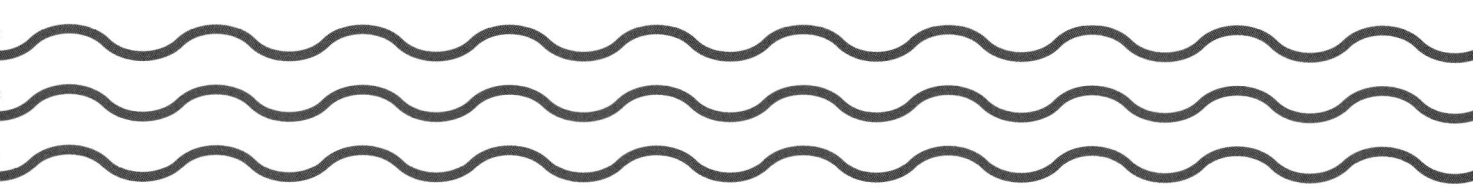

Praxisverlag buch+musik bm gGmbH
bestellung@praxisverlag-bm.de | +49 711 83000-0
www.praxisverlag-bm.de

Jan Edler, Tobi Liebmann

testify

Dein Leben bezeugt Jesus

Ein Kurs, der Teilnehmende ab 13 Jahren befähigt, in persönlichen Beziehungen von Jesus zu erzählen. Das Buch bietet mit theologischen Grundlagen, vertiefenden Themen sowie praktischen Methoden und Aktionen ein flexibles Programm mit bis zu 15 Einheiten. Plus App für Teilnehmende.

96 Seiten, 16,5 x 23 cm, kartoniert, durchgehend farbig, mit App und Downloads

Björn Büchert, Katharina Haubold, Jan Schickle (Hg.)
TheoLab Workbook

Glaube fällt [NICHT] vom Himmel

Entdeckungsreise zwischen Biografie und Theologie

Dieses Workbook ist eine theoretische und praktische Entdeckungsreise, um den eigenen Glauben im Zusammenhang mit der eigenen Biografie besser zu verstehen. Es lädt zum Lesen, zur Auseinandersetzung und zur Reflexion ein. Ganz persönlich oder gemeinsam mit anderen.

128 Seiten, 16,5 x 23 cm, kartoniert,
durchgehend farbig, mit Downloads

Björn Büchert, Katharina Haubold, Florian Karcher (Hg.)

Weitere Titel der TheoLab-Reihe

TheoLab macht Theologie alltagsrelevant, vermittelt theologische Hintergründe und hilft sprachfähig zu werden. Je drei große Fragen zu den drei Themen **Gott, Mensch und Welt** (Band 1), **Jesus, Himmel und Mission** (Band 2) und **Geist, Bibel und Kirche** (Band 3) werden kompakt und gut verständlich von verschiedenen Standpunkten aus beleuchtet.

je 128 Seiten, 12 x 19 cm, kartoniert,
mit Sketchnotes, mit Downloads

buch + musik

Judith Haller

ungefiltert

Wie gut kennst du dein Gegenüber? 225 Fragen für Jugendarbeit und Schule

Bei ungefiltert geht es um das Kennenlernen und Einschätzen des Gegenübers. 225 Fragen mit drei Schwierigkeitsstufen haben das Potenzial, den Blick auf die Menschen hinter ihren „Filtern" zu öffnen. Ein Kennenlern-Tool mit Spielcharakter für Jugendarbeit, Freizeitarbeit, Schule.

220 Spielkarten, Anleitung, in Stülpdeckelbox, durchgehend farbig, mit Download

Michael Freitag-Parey, Christoph Pinkert, Sarah Vogel (Hg.)

gewagt

Frieden und Freiheit gestalten – 110 Anstöße für Jugendliche und Erwachsene

110 Gesprächsanstöße sensibilisieren und schaffen verschiedene Zugänge zur Thematik Frieden und Freiheit. Sie fördern eine eigene Meinung, machen sprachfähig und aus eigener Überzeugung handlungsfähig. gewagt ist ein Interaktions-Tool für Jugendarbeit, Schule, Erwachsenenbildung.

110 Spielkarten, 8 Moderationskarten, in Stülpdeckelbox, durchgehend farbig

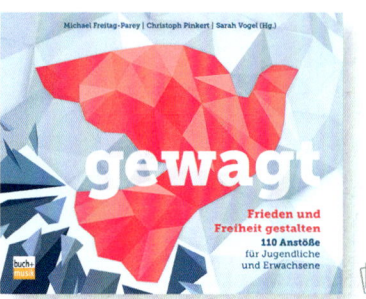

Michael Freitag-Parey, Christoph Pinkert, Sarah Vogel (Hg.)

bewegt

Auf der Spur von Frieden und Freiheit –110 Anstöße für Jugendliche und Erwachsene

Die Frage nach gerechtem Frieden war lange nicht so gesellschaftlich relevant wie heute! 110 Anstöße regen zum Austausch über reale Herausforderungen unserer Zeit an, um Lösungsansätze zu finden. bewegt ist ein Interaktions-Tool für Jugendarbeit, Schule und Erwachsenenbildung.

110 Spielkarten, 8 Moderationskarten, in Stülpdeckelbox, durchgehend farbig, mit Downloads

Thomas Ebinger, Judith Haller, Stephan Sohn unter Mitarbeit von Tobias Kenntner, Tobias Thiel, Friederike Wenisch, Jan Witza

Tool Pool

200 bewährte und neue Methoden für die Konfi- und Jugendarbeit

Tool Pool ist eine in ihrer Themen-, Methoden- und Einsatzvielfalt einmalige Sammlung von Methoden für das inhaltliche Arbeiten in der Konfi- und Jugendarbeit. Die Methoden sind kategorisiert, mit Eigenschaften versehen und werden praxisorientiert erklärt. Inkl. Datenbankzugriff.

288 Seiten, 16,5 x 23 cm, kartoniert, mit Downloads, inkl. Datenbankzugriff

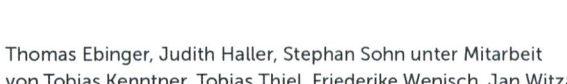

Praxisverlag buch+musik bm gGmbH
bestellung@praxisverlag-bm.de | +49 711 83000-0
www.praxisverlag-bm.de

Dorothee Krämer

Jahreslosung 2025

**Zwei ausdrucksstarke Motive mit einer
Bildmeditation von Cornelius Kuttler**

In ihrer unverwechselbaren Art hat Dorothee Krämer
die Jahreslosung 2024 gestaltet. Ihre eindrucks-
vollen Motive erfreuen sich seit Jahren großer
Beliebtheit. Die verschiedenen Ausführungen – an-
gefangen bei Postkarte und Faltkarte mit Umschlag
über Lesezeichen bis hin zu Kunstblättern in unterschiedlichen Größen – eignen sich hervorragend im
Gemeindekontext, sind aber auch gern gesehene
Mitbringsel, z. B. zusammen mit den Andachten
2025, die sowohl bildnerisch als auch inhaltlich
auf das Jahreslosungsmotiv von Dorothee Krämer
Bezug nehmen.

Motiv „Gehalten" Postkarte, 10er Set, 14,8 x 10,5 cm **Faltkarte**,
10er Set (mit Umschlägen), 14,8 x 10,5 cm **Lesezeichen**, 10er Set,
14,8 x 5 cm **Kunstblatt A4**, 1 Seite, 21 x 29,7 cm **Kunstblatt A3**,
1 Seite, 29,7 x 42 cm **Kunstblatt 40 x 60 cm**, **Kunstblatt 60 x 90 cm**,
Lichtbild, Acryl, 15 x 15 x 0,5 cm

Motiv „Freiraum" Postkarte, 10er Set, 14,8 x 10,5 cm **Faltkarte**,
10er Set (mit Umschlägen), 14,8 x 10,5 cm **Lesezeichen**, 10er Set,
14,8 x 5 cm **Kunstblatt A4**, 1 Seite, 21 x 29,7 cm **Kunstblatt A3**,
1 Seite, 29,7 x 42 cm **Kunstblatt 40 x 60 cm**, **Kunstblatt 60 x 90 cm**,
Vesperbrettchen / Frühstücksbrettchen, 23,5 x 14,5 cm

Cornelius Kuttler (Hg.)

Andachten 2025

**Das Andachtsbuch rund um
die Jahreslosung**

Auslegungen zur Jahreslosung und den Monats-
sprüchen, Bild- und Liedandachten, lebensnahe und
praxisorientierte Texte und Glaubensgeschichten
rund um das Thema der Jahreslosung 2025 „Prüft
alles und behaltet das Gute!".

72 Seiten, Kartoniert

Andrea Sautter

Jahreslosung 2025

Mit einer Bildmeditation von Andrea Sautter

Andrea Sautter malt ihre Interpretation der Jahreslosung in Acryl und schafft es auf beeindruckende
Weise, die Struktur dieser Technik auf die gedruckten
Karten und Poster zu bringen. Dies gibt Ihren Jah-
reslosungs-Artikeln eine besondere Ausdruckstiefe.
Den Postkarten- und Faltkarten-Sets liegt jeweils
eine Bildmeditation von Andrea Sautter bei

Postkarte, 10er Set, 14,8 x 10,5 cm
Faltkarte, 10er Set (mit Umschlägen), 14,8 x 10,5 cm
Lesezeichen, 10er Set, 14,8 x 5 cm
Kunstblatt A4, 1 Seite, 21 x 29,7 cm
Kunstblatt A3, 1 Seite, 29,7 x 42 cm
Kunstblatt 40 x 60 cm, 1 Seite, 40 x 60 cm

Gehalten

Freiraum